社会资本对公共服务的影响机制

司文涛 ◎ 著

中国社会科学出版社

图书在版编目（CIP）数据

社会资本对公共服务的影响机制／司文涛著.—北京：中国社会科学出版社，2022.8

ISBN 978-7-5227-0817-1

Ⅰ.①社… Ⅱ.①司… Ⅲ.①社会资本—影响—公共服务—对比研究—中国、韩国 Ⅳ.①D625 ②D731.262

中国版本图书馆CIP数据核字（2022）第156640号

出 版 人	赵剑英
责任编辑	戴玉龙
责任校对	杨新安
责任印制	王 超
出 版	中国社会科学出版社
社 址	北京鼓楼西大街甲158号
邮 编	100720
网 址	http：//www.csspw.cn
发 行 部	010-84083685
门 市 部	010-84029450
经 销	新华书店及其他书店
印 刷	北京明恒达印务有限公司
装 订	廊坊市广阳区广增装订厂
版 次	2022年8月第1版
印 次	2022年8月第1次印刷
开 本	710×1000 1/16
印 张	11.5
插 页	2
字 数	181千字
定 价	98.00元

凡购买中国社会科学出版社图书，如有质量问题请与本社营销中心联系调换
电话：010-84083683
版权所有 侵权必究

前　言

在中国先秦时期，思想家荀子曾言："人，力不若牛，走不若马，而牛马为用，何也？曰：人能群，彼不能群也。人何以能群？曰：分。分何以能行？曰：义。故义以分则和，和则一，一则多力，多力则强，强则胜物"。荀子在这里所谓的"群"指的就是组织，"义"指的就是道德规范。其较早阐明了组织的力量以及道德规范的重要意义。古希腊思想家亚里士多德曾阐述过"整体大于部分之和"的观点，亦说明了组织机制与组织绩效的关系。马克思则把人际合作关系直接视为生产力的重要组成部分。

社会资本概念被认为是理解个体如何实现合作和破解集体行动中的困境以达到更高绩效的核心基础。一个社会的社会资本构成及其性质，影响着社会成员个体或集体的行为，亦对社会的制度性安排和治理模式发挥影响。社会资本的构成与性质和现实政治生活有着密切的关系。首先，社会资本作为一种社会资源，它的变化直接关系到一个社会资本总拥有量的变化；其次，社会资本作为一种社会关系的存在，影响着社会成员的行为方式；此外，社会资本作为政治权力的要素和基础，影响着政治权力主体（个体或组织）在政治过程中的投入和产出。

经济学家斯蒂格利茨指出，社会资本作为一个有用但又复杂的概念，需要形成一种合理的解释框架，而"组织的视角尤其提供了一个有益的框架"。当今学术语境下，马克思所提出的"集体力"实际上亦可以被看作社会资本的效用与结果，而荀子所讨论的"群"和"义"，即"组织"与"规范"，则可以被视为社会资本的基本要素或根源。

本书着重分析社会资本对地方政府公共服务供给能力、居民公共服务需求水平和公共服务满意度所产生的影响。本书采用问卷调查法进行数据收集，以中国山东省济南市、韩国京畿道城南市的公务员、居民作为调查对象，最终获得样本数据包括城南市两个区（盆唐区、寿井区）的137名公务员和310名居民，济南市的2个区（历下区、章丘区）、1个县（商河县）的351名公务员和375名居民。本书依据以上城市的问卷调查数据，借鉴社会资本理论的发展成果，以两市比较为视角，探究社会资本对公共服务供给和需求的影响路径和作用逻辑。

在研究方法上，首先，通过T检验分析了济南市与城南市两市社会资本、政府公务员公共服务供给能力、居民公共服务需求水平、公共服务满意度的基本状况，以及两国之间存在的差异。其次，对问卷调查的结果进行回归分析，分析出社会资本对公务员公共服务供给能力，以及居民对公共服务的需求所产生的影响。同时，在不同区域和不同调查受众上，运用多元阶层回归分析进行调节效应检验，对济南市和城南市进行比较研究。

研究表明，无论济南市还是城南市，社会资本对公共服务的供给以及居民的需求水平均有积极的影响。从整体趋势上来看，对济南市公务员而言，社会资本的参与对公共服务供给的所有维度都有积极的正向影响；对城南市公务员而言，社会资本三个维度中，除参与外，信任、规范对其公共服务供给能力均有积极的正向影响。

从整体上看，社会资本对居民公共服务需求的影响并不显著。但是，与城南市相比，济南市社会资本对居民公共服务需求的影响相对较为显著，特别是社会资本中的规范对居民公共服务需求水平影响较大。而在城南市，分析结果显示，社会资本对居民公共服务需求水平的影响并不显著。

社会资本对居民的公共服务满意度有重要的影响。分析结果显示，除了一部分无效统计外，在济南市和城南市，社会资本中的信任和规范均可以有效提高居民对公共服务的满意度。在信任方面，济南市的回归系数显著高于城南市，而在规范方面，城南市的回归系数显著高于济南市。因此，社会资本中的规范和信任两个维度，对济南市和城南市的公共服务满意度发挥着重要的影响。

基于上述分析，社会资本中的规范是影响公务员公共服务供给能力和居民公共服务需求水平的重要因素。这反映了无论济南市还是城南市，社会秩序的传统观念均对居民的行为有着深刻的影响。因此，通过规范也可以有效预期公共服务的供给能力和需求水平。具体来说，它还可以被解释为在政府提供公共服务的过程中，社会大众对于规范公务人员的行政行为，打击公共服务中的腐败行为，提高公共服务的透明度，尤其是在加强地区治安和保障社会稳定等方面，有着非常明确而强烈的要求。因此，如果地方政府能够积极顺应居民对社会资本规范的要求，那么，居民对政府的信任会随之加强，居民的参与度也会相应得到提高。同时需要强调的是，地方政府必须在有限的财政资金利用效率上进行担当，而社会资本的积累可以起到促进地方政府有效利用地方财政资金的作用。也就是说，社会资本对防止地方政府决策失误，有着非常重要的影响。

通过以上分析，地方政府应根据辖区内社会资本发展的实际状况，有效地利用地方财政以促进辖区内社会资本的积累，同时，重视居民在这一过程中所发挥的重要作用。首先，当地居民在地方政府活动中的积极参与，可以有效提高其对公共部门的信任度；其次，居民对公共部门（主要是地方政府的职能部门）的信任，可以减少不必要的沟通成本、交易成本，同时有助于提高居民对公共服务的满意度，从而促进社会发展的良性循环。特别重要的是，居民对社会规范的认同和遵守，有助于提高其共同认知程度，提高居民对共同体建设的使命感和责任感，最终与公共服务需求形成良好互动的协调机制。

目 录

第一章 绪论 1

    第一节 研究背景和研究问题 1

    第二节 研究对象及方法 5

    第三节 研究思路和框架 6

第二章 社会资本和公共服务"供给—需求"理论概述 9

    第一节 社会资本相关理论探究 9

    第二节 公共服务相关理论探究 33

    第三节 社会资本与公共服务"供给—需求"关系 51

第三章 研究方法 80

    第一节 研究模型及研究假设 80

    第二节 资料收集及样本的一般特性 82

    第三节 变量的操作性定义及调查问卷的构成 87

    第四节 数据处理及分析 91

第四章 分析结果及假设验证 93

    第一节 测量工具的信度和效度分析 93

    第二节 T检验 101

    第三节 社会资本对公共服务供给能力、需求水平、

                满意度的影响 113

第四节　济南市和城南市在社会资本对公共服务供给能力、
　　　　　　需求水平、满意度影响中的调节效应 ……………… 124
　　第五节　公务员和居民在社会资本对公共服务满意度
　　　　　　影响中的调节效应 …………………………………… 138
　　第六节　实证分析综述 ……………………………………… 146

第五章　研究结果与讨论 ……………………………………… 157
　　第一节　研究结果 …………………………………………… 157
　　第二节　讨论 ………………………………………………… 161

附录：调查问卷 ………………………………………………… 166

第一章 绪论

第一节 研究背景和研究问题

社会资本（Social Capital）是促进个体或者组织之间合作的一种非正式规范，其表现形式为社会信任度、行为规范度、社会关系网络紧密度等方面。社会资本存在于社会结构之中，通过人与人之间的合作提高社会凝聚力和社会工作效率。[①] 主要体现在以下几个方面：第一，社会资本对社会经济活动的主体产生积极影响。因为社会资本具有约束作用，能够促进人与人之间的信任，降低沟通成本、交易成本。同时可以促进组织内部的相互合作，增加组织内部的团结性，从而增进经济活动的效率性。第二，社会资本对社会关系网络产生积极影响。这是因为社会资本存在于人与人之间，紧密的社会关系网络能够更好地促进人际交流，容易产生相互信任，良好的信任又会促进社会规范的落实和社会关系网络的形成。良好的社会关系网络会让人们对组织内部产生认同感，不仅可以增加生产效率，也会促进组织内部的凝聚力。[②]

关于社会资本的实证研究表明，社会资本与地方经济社会的发

---

① Martin P.,"Book Review: The Economic Sociology of Immigration International Migration Review", Vol.3, No.32, 1998.

② 詹姆斯·科尔曼：《社会理论的基础》（Foundations of Social Theory），邓方译，社会科学文献出版社1999年版。

展息息相关。特别是 Putnam 和 Fukuyama 在20世纪90年代的研究，使得社会资本成为政治、经济、文化等领域的热点问题。根据国内外研究综述，能确认社会资本是研究如何缓和政治社会矛盾、提高政府信任度、促进区域经济发展、构建服务型政府的重要理论工具和分析范式。

Putnam 主张社会资本中的信任、规范以及社会网络的互惠性，会成为影响地方经济发展、社会进步的重要支撑力量。[1] 社会资本作为一种建立在信任和互助合作基础之上的社会关系网络，其存量越高，民众越会相信他人和自己一样会遵守社会规则，社会资本便能够有效遏制公共服务供给过程中的"搭便车现象"。[2] 社会资本是构成现代民主政治生活的重要部分，可以有效提高居民和社会团体的社会参与度，[3] 对政府部门形成强有力的监督作用。[4] 因此，社会资本存量高的公共部门可以提供更透明、更高质量的公共服务，并能减少公共服务供给过程中的腐败行为；[5] 同时，社会资本还能够抑制青少年犯罪。通过增加青少年自身的社会资本存量，可以有效地抑制青少年犯罪。[6] 此外，农村普遍存在着以宗族关系为基础的"社会关系网络"，这种传统社会资本在解决农村事务的过程中发挥着重要作用，[7] 此过程中的社会资本可以弥补农村治理正式制度的不足，节省农村治理成本，从而提升农村治理成效。

---

[1] Putnam R., "The Prosperous Community: Social Capital and Public Life", The American Prospect, Vol. 13, 1993.
[2] 王霄、吴伟炯：《情绪机制与公共物品供给决策——一项基于社会资本的实验研究》，《经济研究》2012第11期。
[3] 朴钟民：《社会资本与民主：以集体加入、社会信任与民主市民性为中心》，《政府学研究》2003年第1期。
[4] 张正岩、王志刚、孙文策：《何以破解特困地区合作社的集体行动困境——基于社会资本视阈的多案例分析》，《农业经济问题》2021年第11期。
[5] 陈叶烽、卢露、罗干松等：《社会资本是否促进了腐败——基于实验经济学的分析》，《北京航空航天大学学报（社会科学版）》2021年第3期。
[6] 吴鹏森、石发勇：《社会资本和社会排斥：刑释人员回归社会的影响因素分析》，《安徽师范大学学报（人文社会科学版）》2014年第5期。
[7] 陆铭、李爽：《社会资本、非正式制度与经济发展》，《管理世界》2008年第9期。

社会资本在保护环境方面同样发挥重要作用。社会关系网络能够协调解决居民个人利益与公共利益冲突的问题，而社会规范对居民的行为会起到约束作用。① 如果区域内的社会资本存量高，便可以通过信任降低交易成本的方式促成多元主体决策。

本书主要从济南市和城南市对比的角度出发，研究两国社会资本对公共服务供给—需求的影响机制，通过深入研究，得出社会资本对公务员公共服务供给能力、居民对公共服务的需求、公共服务满意度所产生的影响作用。同时，在不同研究范围和不同研究对象上，运用多元阶层回归分析进行调节效应检验，对中韩的两个城市进行比较研究。

在公共服务供给过程中，如果在监督性、透明性无法保障的情况下，势必会导致官僚主义的滋生，进而也会产生社会预算和财政资金的浪费。在此背景下，用社会资本理论来研究地方政府公共服务的生产及公共服务供给—需求体系建设，有助于深层理解建设"服务型政府"的价值所在。

中韩两国一衣带水，均受到儒家思想文化的影响，重视建立共同体社会，这在一定程度上有助于和谐稳定社会的形成，形成了与西方国家不同的社会资本，但是中国与韩国所形成的社会资本也存在着一定的差异，导致两国民众的行为方式等表现出较大不同。在这种背景下，本书基于济南市和城南市社会资本的差异，分析社会资本对公务员的公共服务供给能力、居民公共服务需求水平、公共服务满意度的影响机制。从这一角度来看，本书选取公务员（公共服务供给者）和居民（公共服务需求者）为研究对象，并从最终的公共服务满意度方面来反观公务员和居民间的认知差异。如若公务员和居民之间关于公共服务的认知差异越来越大，将会影响地方政府对公共服务的生产及公共服务供给—需求机制建设的判断，同时

---

① 朱棣、葛建华、杨繁：《聚合还是桥接：社会资本整合问题的研究图景与展望》，《南开管理评论》2021年第11期。

增大公共部门公共服务供给的盲目性和随意性，如此将会进一步导致公共资源的浪费和各种消极腐败现象，最终导致民众对政府的不信任。

公共服务是当代社会科学研究的热点之一，是公共管理学和经济学研究中出现的高频词。这其中包括标准化、规范化、便捷化的公共服务体系建设研究，以及公共服务有效供给、居民对公共服务的满意度、不同区域公共服务基础设施建设的供给差距水平等诸多方面的研究。但综合来看，鲜有学者以社会资本为切入来分析公共服务的供给—需求机制。

在关于社会资本与区域社会发展的关系研究中，发现区域居民的参与度、信任度、规范度越高，区域内居民之间自发形成的社会关系网络越强，越有利于减少区域内部矛盾，从而促进居民自发参与社会治理。居民通过对政府公共事务的合理参与，可以有效保障居民自身的合法权益，提高居民的认同感和归属感，进而提高区域居民的生活质量。一般来说，社会资本水平高的区域能够有效化解邻里矛盾，降低犯罪率，也可以提高人居生活质量，促进区域的可持续发展。①

综上所述，社会资本对区域经济社会的发展和居民生活质量的提高有着密切的关系。但当前关于公务员、居民的社会资本是如何影响公务员的公共服务供给能力、居民的公共服务需求水平、公共服务满意度（居民评价）的实证分析并不多。因此，本书将探究社会资本对公务员的公共服务供给能力、居民公共服务需求、居民公共服务满意度的影响路径，并辨析公务员和居民对社会资本和公共服务关系的认识差异、济南市和城南市之间的实践差异。

本书的目标是分析社会资本对地方政府公共服务供给能力、居民公共服务需求水平以及居民对公共服务满意度的作用机制，以期为建设服务型政府提供决策参考。为实现研究目标，提出如下问题：

---

① 苏镇光：《地方自治与社会资本》，《韩国地方自治学学报》2000年第4期。

第一，济南、城南两市的公务员和居民之间的社会资本存量、公务员的公共服务供给能力、居民的公共服务需求水平，以及居民对公共服务满意度之间有无显著差异？

第二，社会资本对公务员的公共服务供给能力有何影响？

第三，社会资本对居民的公共服务需求有何影响？

第四，社会资本对公共服务满意度有何影响？

第五，在社会资本对公共服务供给能力、公共服务需求水平以及公共服务满意度的影响关系中，济南市和城南市有何明显差异，以及公务员和居民有无显著差异等。

第二节 研究对象及方法

一 研究对象

本书的目的是分析社会资本对公共服务供给和需求的影响，同时辨析济南、城南两市公务员和居民之间的差异。问卷调查分别以公务员和居民为调查对象主体，研究者通过访问两地的基层居民管理服务机构和政府政务服务中心，完成对公务员和居民的现场问卷调研。

二 研究方法

为进一步验证社会资本对公务员公共服务供给能力、居民公共服务需求水平的影响程度以及社会资本对居民公共服务满意度影响之间的作用机制，将通过实证检验进行分析。

本书的相关数据是通过调查问卷的方式进行收集的。调查于2017年进行，样本包括韩国京畿道城南市两个区的137名公务员和310名居民，中国山东省济南市的2个区、1个县的351名公务员和375名居民。本书通过SPSS18.0进行多元回归分析来验证研究假设，并对于部分不恰当的数据进行了排除，具体的统计方法如下：

第一，为了验证测量工具的信度和效度，采用了探索性因子分析法（Exploratory Factor Analysis），并且采用克伦巴赫α系数

(Cronbach's a) 验证指标体系内部一致性信度。

第二，针对研究变量中的社会资本、公共服务供给能力、居民公共服务需求水平和公共服务满意度，为了验证济南市和城南市之间、公务员和居民之间是否存在差异，进行了 T 检验。

第三，为了分析社会资本对公共服务供给能力、居民公共服务需求水平以及公共服务满意度的影响，进行了回归分析（Regression Analysis）。

第四，为了验证济南市和城南市之间的调节效应、公务员和居民之间的调节效应，采用了 Baron 和 Kenny 提出的层次回归分析法（Hierarchical Regression Analysis）进行验证。

第三节 研究思路和框架

本书的研究目的是分析社会资本对地方政府公共服务供给能力、居民公共服务需求水平和公共服务满意度的作用机制。在研究思路方面，首先查阅了有关社会资本的概念、构成要素及作用；其次，探讨了公共服务的定义、特性及类型，以及新公共管理理论、新公共服务理论。

本书将在第二章中深入探讨社会资本相关理论，以及社会资本与公共服务供给机制、需求模式的相互关联性。认为公共服务供给方（政府）和需求方（居民）之间的信任、规范的遵守、参与等维度，都会对公共服务的供给—需求产生积极的影响。

在本书中，重要的解释变量是社会资本。社会资本通过影响公共服务供给能力和居民公共服务需求水平，最终决定居民对地方公共服务的满意度。当然，社会资本也会受到周边各种变量的影响。如果将社会资本看作是管理人与人之间关系的力量，[1] 那么这种关系同样还

---

[1] 苏镇光：《社会资本形成的区域社会发展逻辑》，《地域社会发展》1999 年第 1 期。

会受到学历、收入水平、职业、年龄、性别等变量的影响。本书是在加入控制变量的前提下进行，将社会资本的测量维度设定为信任、参与、规范（法律和规范的遵守情况）3个维度，通过分维度实证研究社会资本对地方政府公共服务的供给能力、居民公共服务需求水平和公共服务满意度所产生的影响作用。

本书基于对社会资本理论的探讨研究，提出5个大假设和14个小假设，并通过问卷调查进行实证研究。社会资本中的"信任"是公共服务供给者与需求者关系中促成共识的主要因素，能提高政府公信力，也会增强居民的向心力和凝聚力，有利于促进和谐社会的建设进程。社会资本中的"规范"作为影响社会安全网建立、管理、维护的重要影响因素，是实现"正义（Justice）"的手段，也会降低社会治理成本，提高社会治理水平和治理效率。社会资本中的"参与"可以促进居民与政府的互动程度，培育居民的公共精神，同时增强社会组织的自治能力，促进社会资本的积累，从而有助于扩大公共服务的供给渠道，减少公共行政费用的支出。①

本书的第三章为研究模型的设计部分，包括建立与研究问题相关的假设、设置测量工具和讨论数据处理方式。第四章主要分析调查结果，即验证假说阶段，尤其是济南市、城南市在公共服务"供给—需求"模式上的差异，以及两国在社会资本方面的差异。另外，将问卷回答者分为公务员（公共服务供给者）、居民（公共服务需求者）两个主体，分析两者的认知差异。研究框架见图1-1。

如表1-1所示，该研究将空间对象划分为济南市和城南市，分别以地方公务员和地方居民为对象，对两国地方社会资本分别进行研究和分析。首先，通过问卷调查，分析了济南、城南两市的公务员和居民的社会资本水平。其次，对济南市和城南市公务员的社会资本进行比较（①和③），以及对济南市和城南市居民的社会资本进行比较（②和④）。通过比较①和③的平均值以及②和④的平均

---

① 张其仔：《社会资本论：社会资本与经济增长》，社会科学文献出版社1997年版。

值，分析地方公共服务的供给者（公务员）和需求者（居民）的社会资本对公共服务调节效果的影响。

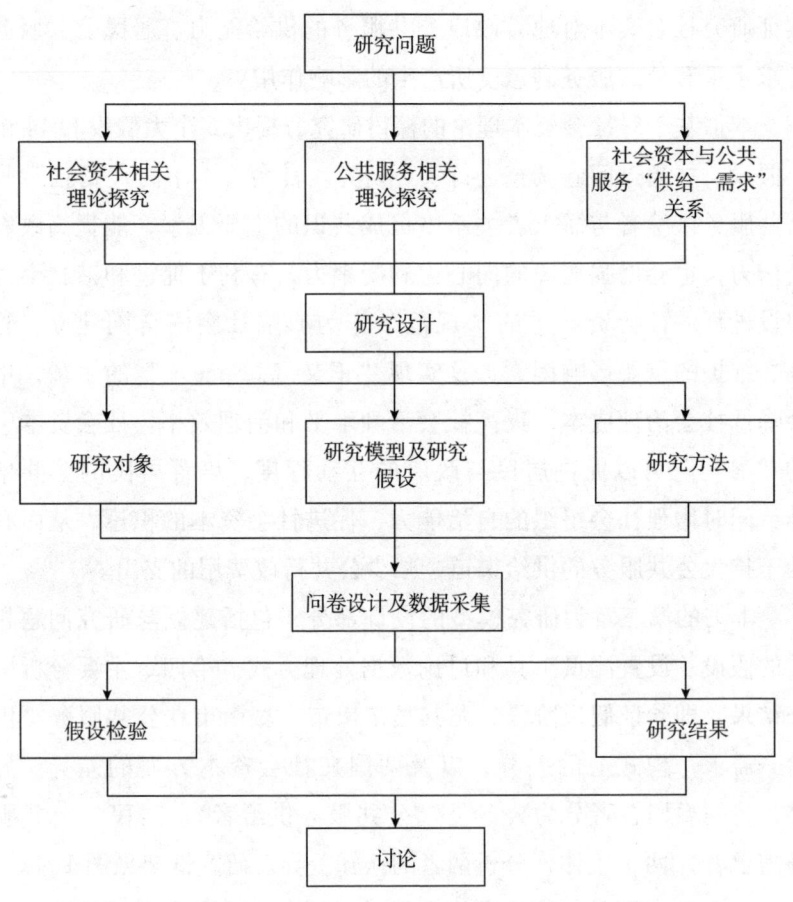

图1-1 研究框架

表1-1 济南市和城南市社会资本比较框架

空间对象		调查对象	
		公务员	居民
空间对象	济南市	①	②
	城南市	③	④

第二章　社会资本和公共服务"供给—需求"理论概述

第一节　社会资本相关理论探究

一　社会资本的概念

社会资本（Social Capital）是 1916 年由 Lyda Judson Hanifan 首次提出的，被认为是影响区域社会发展的重要因素。社会资本已不仅是某一个人拥有的资源，而是社会所拥有的资源。[①] 一个社会的发展，在很大程度上受制于其社会资本的丰富程度。[②] 社会资本是多维度的，普林斯顿大学亚历杭德罗·波特斯认为，要准确界定社会资本概念，必须要明确三个问题：一是社会资本的拥有者；二是社会资本的来源；三是资源本身。[③] 依据他的观点，我们也可以就社会资本的定义做出进一步解释：（1）社会资本的拥有者即社会行动者，包括个人、企业、组织、团体、社会和国家。（2）社会资本源于社会关系结构，依赖于人与人之间的网络关系（Network）。（3）社会资本作为一种无形资产，表现为以"义务与期望"为内

[①] 卡拉·伊斯特斯：《社会资本与社会发展》，李惠斌等译，社会科学文献出版社 2000 年版。

[②] Putnam R., "The Prosperous Community: Social Capital and Public Life", The American Prospect, Vol. 13, 1993.

[③] 杭德罗·波特斯：《社会资本与社会发展》，李惠斌等译，社会科学文献出版社 2000 年版。

容、以信任（Trust）或信用为基础的社会网络关系（包括人际关系和组织关系）。①

OECD将社会资本定义为组织内或组织间共享的规范、价值和合作的社会网络，②而World Bank则将社会资本定义为居民参与、相互信任以及归属感等。③这反映了国际经济机构将社会资本视为国家经济社会发展所必需的资本之一。苏镇光将社会资本定义为管理人与人之间关系的力量，④将社会资本的测量维度具体分为信任、参与、合作、规范、社会网络关系、制度力量等。⑤继Lyda Judson Hanifan之后，社会资本理论在多个领域被应用，逐渐成为学术界所关注的焦点问题。政治学、管理学、社会学等都从学科的角度对社会资本理论进行探究，用来解释区域经济的发展和社会进步，而且社会资本被看作是解决社会矛盾的新范式。部分学者对社会资本的定义如表2-1所示。

表2-1　　　　　　　　　　　社会资本的概念

研究者	概念或定义
Bourdieu P.	社会资本理论的核心主张是：关系网络创造了一种解决社会问题的有价值的资源，并向成员提供集体所有的资本，即成员相互信任的可信度⑥
Coleman, J. S.	社会资本就是个人拥有的、表现为社会结构资源的资本财产，它们由构成社会结构的要素组成，主要存在于人际关系和社会结构中，并为社会结构内部的个人行动提供便利⑦

---

① 帕萨·达斯古普特、伊斯梅尔·撒拉格尔丁：《社会资本：一个多角度的观点》，张慧东等译，中国人民大学出版社2005年版。
② OECD, The Well-being of Nations-The Role of Human and Social Capital, Paris: OECD, 2001.
③ World Bank, The East Asian Miracle, New York: Oxford University Press, 1993.
④ 苏镇光：《社会资本形成的区域社会发展逻辑》，《地域社会发展》1999年第1期。
⑤ 苏镇光：《社会资本指标体系研究》，《韩国地域开发学》2004年第1期。
⑥ Bourdieu P., The Forms of Capital, Connecticut: Greenwood Press, 1986.
⑦ Coleman J. S., "Social Capital in the Creation of Human Capital", American Journal of Sociology, Vol. 94, 1988.

续表

研究者	概念或定义
Putnam R.	把社会资本解释称为"能够通过推动协调的行动来提高社会效率的信任、规范以及网络",社会资本是一种组织特点,如信任、规范和网络等,它是生产性的,能够通过对合作的促进而提高社会效率①
Fukuyama F.	将在社会或群体中成员之间的信任普及程度视为一种社会资本,并认为社会的经济繁荣在相当程度上取决于社会信任程度的高低②
Pennar K.	社会资本是影响个人或组织的行为、也是影响经济增长的社会关系网络③
苏镇光	将社会资本定义为管理人与人之间关系的力量,并将社会资本的维度分为信任、参与、合作、规范、社会网络关系、制度力量④
OECD	将社会资本定义为团体内或团体间共享的规范、价值和合作的社会网络⑤
World Bank	将社会资本定义为居民参与、相互信任以及归属感等⑥
Lin N.	社会资本是投资在社会关系中并希望在市场上得到回报的一种资源,是一种镶嵌在社会结构之中并且可以通过有目的的行动来获得的资源⑦

不同学者对社会资本有不同的理解和定义。卜长莉将这些不同的定义归纳为五种类型。⑧

---

① Putnam R.,"The Prosperous Community: Social Capital and Public Life", The American Prospect, Vol. 13, 1993.
② Fukuyama F., Trust: The social virtues and the creation of prosperity. New York: Free Press, 1995.
③ Pennar K.,"The ties that Lead to Prosperity", Business Week, Vol. 3557, 1997.
④ 苏镇光:《社会资本形成的区域社会发展逻辑》,《地域社会发展》1999年第1期。
⑤ OECD, "The Well-being of Nations-The Role of Human and Social Capital", Paris: OECD, 2001.
⑥ World Bank, The East Asian Miracle, New York: Oxford University Press, 1993.
⑦ Lin N., Social Capital: A Theory of Social Structure and Action, Cambridge: Cambridge University Press, 2003.
⑧ 卜长莉:《社会资本与和谐社会》,社会科学文献出版社2005年版。

(1) 资源说。社会资本是一种通过"体制化关系网络"的占有而获取的实际的或潜在的资源集合体，是从社会网络中动员了的社会资源；

(2) 能力说。社会资本是行动主体与社会的联系，以及通过这种联系获取稀缺资源的能力；

(3) 功能说。社会资本是能够为人们的行动带来便利的社会资源；

(4) 网络说。社会资本从形式上看就是一种社会关系网络；

(5) 文化规范说。社会资本的本质是信任、互惠等文化规范。

社会资本与现有的经济资本、人力资本、文化资本的特性有很大的不同。柳锡春等将社会资本与其他资本进行比较，并研究了其特性。[①] 第一，社会资本具有公共性。社会资本具有公共物品的性质，也就是说社会资本更具有集体而不是个人的特性，社会资本具有公共物品的特性是社会资本与其他资本最基本的差别。第二，社会资本是市场经济良性运作的重要"内生变量"，可以有效避免市场经济活动中的零和博弈现象，从而降低管理、交易成本。社会资本是社会结构和社会关系中的一种特性，社会资本的作用不仅体现在生产价值上，而且体现在对利益共同体关系的维持和促进上。因此较之其他形式的资本，社会资本是嵌入在社会网络关系之间能够为民众所用的资源。第三，社会资本具有可再生性，会通过不断使用增加其存量。社会资本作为一种价值观体系和文化资源，更多表现为政治、社会制度的积淀，即人们共同遵守的行为准则、社会规范、价值观等，所以社会资本的积累很难通过外部的干预而形成。不同于物质资本，社会资本利用得越多，价值就越大。社会资本不会由于对其的使用而减少，但会由于对其的不使用而枯竭。

综上所述，社会资本可以理解为一种有利于实现目标的社会资

---

① 柳锡春、张美惠、郑炳恩：《韩国的福利现实、社会资本与社区自由主义》，《现代社会与文化》2007年第1期。

源，一种嵌入在社会关系网络之间的无形资产，一种基于信任的社会网络关系。

（一）社会资本是一种利于实现目标的社会资源（Social Resource）

社会资本是一种社会资源。社会资本是相对于个人资源而言的。林南认为个人可以拥有并使用两种类型的资源：个人资源和社会资源。个人资源是个人所拥有的，社会资源是个人通过社会联系而获取的资源。① 社会资本作为一种社会资源，表现为人与人之间的关系，即社会资本存在于人与人的联系之中。假如一个人想要拥有这种资源，就必须要和其他人建立联系，因此，人与人所形成的社会关系网络既是社会资源存在的载体，也是社会资源呈现的一种方式。②

社会资本被认为是除物质财富、精神财富之外的另一种社会财富。物质财富、精神财富和社会财富都是人们从事生产和社会实践的产品。物质财富是可以看到的资源，包括各种产品、物品、金钱和货币以及劳动力等，所有这些都被认为是一种物质资本（Physical Capital）。精神财富包括各种精神观念和象征财富，被认为是一种文化资本（Cultural Capital）。社会财富是人们在生产、生活中结成的社会关系的总和，体现为人与人之间的组织关系，被认为是一种社会资本（Social Capital）。这三种财富形式分别代表了三种资源：物质、文化和组织。物质资源、文化资源对于生产和生活是不可或缺的，而社会资源具有黏合剂的作用，它不仅能把单个的人组织起来，使之形成一个共同体，还可以整合各类资源，从而增强各类资源的利用效率。

社会资本是"社会"的一种资源，所以具有社会性。社会资本不仅存在于社会网络关系之间，它也为社会所共享和共有。"社会

---

① 林南：《社会资本——关于社会结构与行动的理论》，张磊译，上海人民出版社2005年版。
② 张文宏：《社会资本：理论争辩与经验研究》，《社会学研究》2003年第4期。

资本跟其他形式的资本相比,具有更多的外部性"。① 社会资本不能仅靠个人的遵守来获得,它是建立在普遍的社会规范之上,而不是个人规范的基础之上。所以社会资本比其他形式的资本更难以获得"。②

(二)社会资本是嵌入在社会关系网络之中的无形资产(Intangible Asset)

社会资本是资本的一种存在方式,是"嵌入"(Embedded)在社会关系网络之间的无形资产。科尔曼比较研究了社会资本与其他资本的不同,认为物质资本存在于工具、机器和其他生产设备之中,人力资本表现为个体所具有的劳动生产技能。通过改造物质材料,可以形成物质资本,通过向人们传授技能,使其按照新的方式行动,可以创造人力资本。而社会资本的形成依赖于人与人之间的关系,按照有利于行动的方式而改变。物质资本能为生产、生活提供便利,社会资本也具有同样作用。物质资本是有形的,其存在形式是可见的物质。人力资本存在于个人掌握的技能和知识中。社会资本基本上是无形的,它表现为人与人关系。成员之间相互恪守承诺、彼此信任的组织比成员之间信任度较低的组织,更有利于经济生产活动的进行。③

亚历杭德罗·波特斯在分析社会资本来源的时候也认为,经济资本体现在人们的银行账户上,人力资本存在于人们的身体中,而社会资本嵌入在社会关系的结构中。④ 社会资本存在于两个或两个以上的参加者之间的社会关系结构之间。相对而言,物质资本、人

---

① 罗伯特·帕特南:《独自打保龄:美国社区的衰落与复兴》,刘波等译,北京大学出版社 2011 年版。
② 罗伯特·普特南:《使民主运转起来》,王列等译,江西人民出版社 2001 年版。
③ 詹姆斯·科尔曼:《社会理论的基础》,邓方译,社会科学文献出版社 1999 年版。
④ 亚历杭德罗·波特斯:《社会资本与社会发展》,李惠斌等译,社会科学文献出版社 2000 年版。

力资本是显而易见的,而社会资本是不容易被观察和测度的。[1]

(三)社会资本是基于信任的社会网络关系(Social Network Based On The Trust)

社会资本被认为是人们通过社会关系网络中的成员身份来获取收益的能力。个体、组织或团体收益多少取决于其社会资本的存量是多少。社会网络关系越密切,其摄取社会网络资源的能力越强。

在现实生活中,人们在不同的社会关系网络之间,形成了一个个不同的社会团体、社会组织。凭借其成员的身份,可以获取在这个团体、组织中的某些资源,并使社会关系转变为可以用来实现自身目的的一种资源。福山认为社会资本是由社会信任所产生的一种力量。社会组织内部成员之所以愿意互相帮助、贡献资源和互惠合作,其根源在于成员之间存在着相互信任和"义务与期望"关系,为他人提供服务和便利,就是创造别人对自己的"义务",因而也就是在积累社会资本。社会资本存在于人们之间的各种现实联系当中,它不仅体现在家庭这种最小、最基本的群体中,还体现在国家这个最大的群体中,体现为彼此信任、相互理解、共同价值和行为取向等。[2]

二 社会资本的作用

社会资本是嵌入在社会关系网络之中的内在资产。社会资本存在于人与人的关系中,社会关系网络是社会资本的基础。因此社会资本的形成依赖于稳定的社会结构。社会资本的所有者既可能是个人,也可能是集体,甚至是整个社会共同体,因此,它具有非竞争性、非排他性。社会资本是区域经济发展、服务型政府建设的重要影响因素。社会资本会促进社区居民的社会参与,培养社区居民的互助合作精神,提高社区居民自力更生和共同合作解决问题的能力,是应对社区合作困境的一种有效范式。社会资本的存量、结构

---

[1] 帕萨·达斯古普特、伊斯梅尔·撒拉格尔丁:《社会资本:一个多角度的观点》,张慧东等译,中国人民大学出版社 2005 年版。
[2] 弗朗西斯·福山:《信任:社会美德与创造经济繁荣》,彭志华译,海南出版社 2001 年版。

影响着居民参与社区公共事务的质量，也影响着解决公共事务的效率。这是因为，社区社会资本是一个多维概念，由网络、信任、规范等多个维度构成，能够从参与动力、参与网络以及参与制度等多个方面促进社区参与并提高参与能力。①

如果社会资本的存量高，那么互信、互动和互惠的良性关系会对政府工作人员的行为进行约束。如果社会资本的存量低，即使正式制度比较完善，政府工作人员也很难根据多样化、急剧变化的社会环境，持续做出响应。社会资本作为能够补充正式制度的非正式制度，当存量高时，政府工作人员会建立多元化的社会关系网络。②各方主体通过不断地互惠合作、了解信任，能够自下而上地建立有效的规则，创造出制度型社会资本。③如果人际网络持续发生相互交流作用，便会形成联结紧密的正式网络、人际信任与合作网络，并且成员间的信任能够通过某种机制上升为系统信任。④社会资本既属于个人资源，也属于集体资源，归属不同决定了影响属性的不同。而社会资本作为组织成员的黏合剂，对社会具有正面和负面两种功效，即既有非常积极的正向影响，但也有负面的逆向影响。

社会资本的正向功能如下：

第一，社会资本可以通过影响交易费用的高低，进而影响经济社会的发展。⑤社会关系网络和信任是社会资本的两个重要指标，为了获得正确的信息，需要支付相应的费用。而在社会资本存量较高的社会组织里，不需要额外支付费用就能进行信息共享，这主要

---

① 李春江、张艳、刘志林等：《通勤时间、社区活动对社区社会资本的影响：基于北京26个社区的调查研究》，《地理科学》2021年第9期。

② 朱棣、葛建华、杨繁：《聚合还是桥接：社会资本整合问题的研究图景与展望》，《南开管理评论》2021年第12期。

③ Denny K.，"BookReview：Social Capital：A Multifaceted Perspective"，Critical Sociology，Vol. 3，No. 26，2000.

④ Quartner D.，"The Creation And Destruction Of Social Capital by Gunnar Lind Haase Svendsen and Gert Tinggaard Svendsen"，Economic Affairs，Vol. 2，No. 26，2006.

⑤ 张正岩、王志刚、孙文策等：《何以破解特困地区合作社的集体行动困境——基于社会资本视阈的多案例分析》，《农业经济问题》2021年第12期。

是因为社会组织内信任存量高而减少了交易费用。社会资本通过个人之间的相互关系而共享信息，这样就可以获得正确的、时效性高的信息，因此交易费用较少。

第二，社会资本类似于一种"组织规范"。对于一个组织来说，良好的组织规范会约束不良行为，激励组织内部成员的信任与合作。且组织成员越是相信彼此信任和合作的价值，并在行动中践行之，越有助于形成组织规范。[1] 社会资本的存量高，往往还具有自我增强性和可累积性。良性的循环会促进社会的均衡发展，形成更高水准的公众参与、相互合作、系统信任和互助互惠。所以，社会资本在循环的过程中，存量不仅不会减少，反而会有所增加。

第三，社会资本存量高的话，共同体内部的集体决策就容易达成一致。[2] 如果形成了集体决策，就会对政治、经济和社会行为产生积极影响。[3] 为了继续履行从集体决策到成员社会规范的公正作用，首先要由政府确立必要的制度。例如集体决策在保障成员个人和集体利益时，要提供成员合作的奖励，为所有成员提供福利。

第四，社会规范能制约机会主义行为。如果社会存在公认的社会规范，人们会"夜不闭户"。如果这样的社会规范能保护自己，那么人们会更加愿意遵守社会规范。[4] 埃莉诺·奥斯特罗姆认为："占便宜"和"搭便车"的机会主义心理是导致人们合作失败的根源。任何时候，一个人只想坐享其成，就没有动力为共同的利益做贡献，而只会选择做一个搭便车者。如果所有的参与人都选择搭便车，就很难产生集体利益。如果搭便车的诱惑支配了决策的选择，

---

[1] John F., Social Capital, London and New York: Routledge Press, 2003.
[2] Grootaert C., Bastelaer T. V.," Understanding and Measuring Social Capital: A Synthesis of Findings and Recommendations from the Social Capital Initiative", Earth Surface Processes & Landforms the Journal of the British Geomorphological Research Group, Vol. 7, No. 30, 2001.
[3] Svendsen S., The Creation and Destruction of Social Capital, London: Edward Elgar Press, 2004.
[4] Putnam R., "The Prosperous Community: Social Capital and Public Life", The American Prospect, Vol. 13, 1993.

最终的结局是可想而知的。社会规范存量高的社会环境里，不遵守社会规范的人在这一过程中是容易被发现的，也就会容易付出一定的代价。①

第五，社会资本有助于社区自治能力的提高。社会资本对居民的公共意识产生积极影响，会促进社区成员的交往和信任，也会提高居民的自治能力，使社区成为一个持续互动的自循环系统，从而促进社区公共问题的解决，形成多元主体之间协同与互动的治理范式。② 这样一个社区中，如果有一种具有保障成员遵守社会规范和秩序的制度机制，那么各种问题都能很好地解决。社会资本作为一种"凝合剂"，可以促成理性的集体行动。良好的社会资本可以达成集体行动中的协同效应。社会资本通过社区居民之间的互动，产生互惠互利的有效网络，有助于社区内多元利益的表达与协商，进而解决社区治理中集体行动的困境。③ 从这一视角来看，社会资本与地方自治能力有着密切的关系。

社会资本对组织存在正面效应，也存在负面效应。但这种负面效应并非与正向功能完全对立、独立运行，很多情况下则是与正面效应相互作用。对社会资本概念及其理论的批评主要来自经济学家，如诺贝尔经济学奖获得者肯尼斯·阿罗和罗伯特·索洛。他们的批评意见起源于人们对于社会资本理论的倾向和观点的质疑，具体如下。

第一，有批评者指出，社会资本理论的特点就是让政治缺失（Absence of Politics）。有的社会资本理论家担心社会生活的过度政治化，在公众社区中会特别反对政治组织和政治运动角色。他们带有"托克维尔浪漫主义"情结，坚信政府和政治都是派生的，而自

---

① 埃莉诺·奥斯特罗姆：《公共事物的治理之道》，余逊达等译，上海三联书店2000年版。
② 叶敏：《社区自治能力培育中的国家介入——以上海嘉定区外冈镇"老大人"社区自治创新为例》，《南京农业大学学报（社会科学版）》2015年第3期。
③ Putnam R., "The Prosperous Community: Social Capital and Public Life", The American Prospect, Vol.13, 1993.

然衍生的社会组织才是社会生活的基础。①

第二，还有一些社会资本理论家将社会资本定义为"市民社会的黏合剂"或者"使个人集合在一起的共同规范和价值"，认为社会就是由有组织的网络和参与的公众所形成的统一体，这实际上忽略了市民社会固有的冲突特性以及市民社会之中不同阶级和集团之间的冲突关系。②

第三，社会资本概念最大的问题是定义的模糊性和无法测度性。社会网络能够防止由不均衡的信息所导致的市场失灵，提供其他活动不能提供的调节工具。但即使如此，大型制度的制定者（例如政府）事实上比社会网络更为重要，对于解释经济发展更有意义①。

围绕社会资本的争论还在继续，不过使用这一概念和理论来分析现实问题的研究数量不断增加。社会资本是自然资本、物质资本和人力资本的必要补充。社会资本对于理解非正式制度规范很有帮助。研究社会资本的意义便在于理解在一个共同的网络环境内的个体如何进行有效的合作，如何克服集体行动困境来促进经济社会的发展。

三 社会资本的构成

社会资本的构成存在诸多表述。帕特南把社会资本理解为社会组织的特征，因此，"信任、规范和网络"被他看作社会资本的基本构成要素。③ 埃莉诺·奥斯特罗姆把社会资本看作是个人组成群体的互动模式，把一个群体和组织成员所"共享的知识、理解、规范、规则和期望"看作社会资本的核心要素。④ 福山把社会资本等同于一个社会所具有的"非正式规范"，把社会成员的"普遍信任"看成是社会资本的主要来源。⑤ Krishna 将社会资本划分为两个分析

---

① 安东尼·吉登斯：《社会学》，赵旭东等译，北京大学出版社2003年版。
② 马德勇：《社会资本：对若干理论争议的批判分析》，《政治学研究》2008年第5期。
③ 罗伯特·帕特南：《使民主运转起来》，王列等译，江西人民出版社2001年版。
④ 埃莉诺·奥斯特罗姆：《社会资本：流行的狂热仰或基本概念》，上海三联书店2003年版。
⑤ 弗朗西斯·福山：《信任：社会美德与创造经济繁荣》，彭志华译，海南出版社2001年版。

层面，见图2-1。

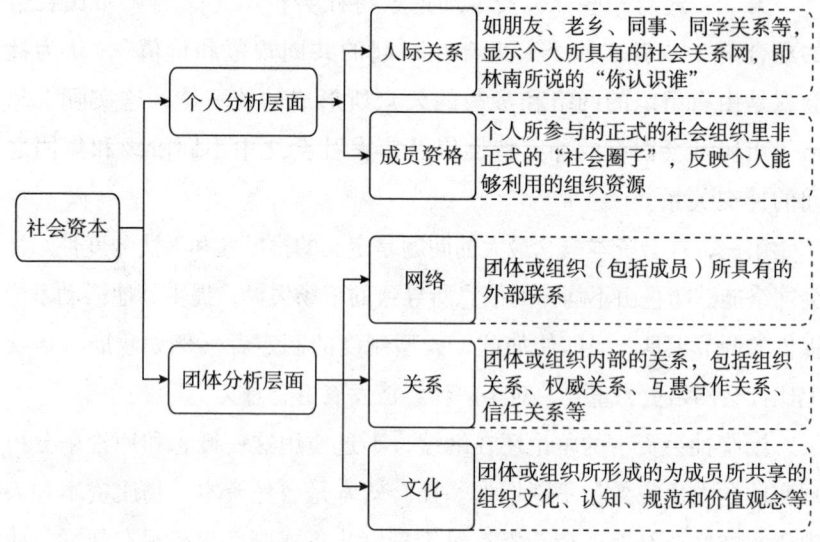

图2-1 社会资本的构成

资料来源：Krishna A., Active Social Capital: Tracing the Roots of Development and Democracy, New York: Columbia University Press, 2002.

根据图2-1，可以作出以下分析。

（1）个人分析层面——个人的社会资本。表现为有利于个人用来实现其目标（如找到一份更好的工作）、存在于（嵌入于）社会网络中的可以利用的资源。

（2）团体分析层面——团体的社会资本。表现为一个团体所具有的维持团体存在并增强其成员生活机会的集体资产。

关于社会资本的构成要素，可以从个人（家庭）、邻里社区、区域、国家层面作进一步分析（见图2-2）。

图2-2概括了四种分析层面下，对于社会资本的不同理解和表述，透过这些表述，我们可以看到，尽管人们对于社会资本的分析层面不同，对其定义表述也不完全一样，但对于社会资本的核心要素的理解大体一致，都把网络联系、信任与合作关系、社会规范与规则等看作社会资本的基本要素。

图 2-2　社会资本的结构分析

迄今为止，如何测度社会资本存量，仍然是一个很困难的问题。苏镇光将社会资本的构成要素分为信任、参与、社会关系网络、制度力量（社会规范）、利他主义。① 作为社会资本要素的规范、信任、网络也同样十分受重视，Putnam 将"公共参与""社区或组织生活""非正式制度""社区资源服务""社会信任"等作为社会资本的测量指标。"信任"是一个重要的社会资本测量维度，是"一般化规范""集体性质""合作""日常生活社会性""邻里社区或组织生活"的测量因素②。主要包括上一年度地区组织委员会中一般成员比例、上一年度作为集体或组织干部工作的成员比例、每 1000 名人口中有市民社会团体数、上一年度参加团体会议的平均成员数、加入社会团体的平均参与人数等 8 个项目指标。"信任"的测量要素主要包括家庭信任、邻居信任、其他人种或阶层信任、企业家信任、政府公务员信任、法官或法院以及警察信任、政府服务供给者信任、地方政府信任等 8 个项目。②

Stone 将"非正式网络"和"正式网络"作为社会资本的要素。"非正式网络"的测量要素主要包括家庭（核心家庭）、广义家庭（大家庭）、朋友、熟人、邻居。③ "正式网络"的测量要素主要是与群体无关的市民社会关系，如以教育、体育、休闲、音乐、艺术、教会、慈善团体、志愿服务等活动为基础建立的网络。④

世界银行提出了社会资本的概念，并在国际上对各国社会资本的存量高低进行了对比，⑤ 将社会资本分为 6 个维度进行测量，分别是群体和网络、信任和团结性、集体活动和合作、信息和意愿传

---

① 苏镇光：《社会资本衡量指标研究》，《韩国地域开发学》2004 年第 1 期。
② Cui G. Q., Jin C. H., Lee J. Y., "How Risk Managers' Psychological and Social Capital Promotes the Development of Risk-Management Capabilities", Sustainability, Vol. 11, No. 12, 2020.
③ Stone C., Regime Politics, Harmondsworth: Penguin Press, 2001.
④ 戴维·赫尔德：《民主的模式》，燕继荣等译，中央编译出版社 2004 年版。
⑤ World Bank, The East Asian Miracle, New York: Oxford University Press, 1993.

达、社会凝聚力和包容力、权力和政治活动等。[1] "群体和网络"包括公众中的群体数量和群体规模、群体内聚力和集体行动能力、群体成员的信任范围、群体成员与非群体成员的交往方式。"信任与团结"层面主要指大多数人是否持信任态度；在成员需要帮助时，社区内的大多数人是否愿意提供帮助；还包括成员对地方公务员及中央公务员信任与否等。"合作"是指团体成员共同合作。"邻里关系"则分为请求邻居照顾生病的子女、成员生病时向邻居请求帮助、有没有志愿服务经验、呼吁邻居参加志愿服务、关心邻居的公平待遇、对邻居是否有帮助经历等7个项目。[2]

Rohe将社会资本定义为便于合作和协调的社会规范，以及社会网络形成的信任。[3] 他主张社会资本的核心是将信任、居民参与及有效的集体活动相互关联。"信任"要素主要通过对社区组织的信任、对其他居民的信任、对非营利组织的信任程度来衡量，"社会网络"将网络规模、多样性、亲密性、位置、目的5个项目作为要素进行测定。

戴维·赫尔德等将社会资本分为信任和宽容性、社会参与和市民意识以及网络和伙伴关系等。[4] 弗朗西斯·福山将参与、网络、社会信任、互惠性等作为社会资本的核心概念，并开发出了体现这一概念的测量指标。[5] 林南等以Putnam设定的社会资本测量维度和Esser的社会资本结构图为基础，提出了社会资本的构成要素，认为社会资本的构成要素分为基于互惠性的社会规范、信任、社会结

---

[1] 崔莹出、金炳植、金宝钦等：《加强地区竞争力与地方治理》，大英文化社2006年版。

[2] Narayan C., "A Dimension Approach to Measuring Social Capital: Development and Validation of a Social Capital Inventory", Current Sociology, Vol. 2, No. 49, 2001.

[3] Rohe W., "Building Socal capital through Community Development", Journal of the American Planning Association, Vol. 2, No. 70, 2004.

[4] 戴维·赫尔德：《民主的模式》，燕继荣等译，中央编译出版社2004年版。

[5] 弗朗西斯·福山：《国家构建：21世纪的国家治理与世界秩序》，黄胜强等译，中国社会科学出版社2007年版。

构、网络四个方面,并特别强调了社会结构的作用。[①] 王春超认为社会资本构成的要素包括信任、规范、信息共享、组织内部合作、政治参与、自愿服务、社会参与等。[②] 冯兴元等将社会交换和补偿、合作、竞争、矛盾4个维度作为社会资本的构成要素。[③]

关于社会资本的概念和重点,不同的学者有不同的理解,社会资本的具体构成要素和测量也因研究差异而不同。但综上可见,社会资本的共同构成要素可以通过社会规范、信任、合作、网络、参与、互惠性、伙伴关系、社会结构等来体现(见表2-2)。

表2-2　　　　　　　　　社会资本的构成要素

学者	构成要素
Putnam R.	非正式制度、规范、信任、网络(公共参与、社区或组织生活、社区志愿服务、社会信任)、社会规范、合作、参与、互惠性、伙伴关系、社会结构
Narayan & Cassidy	规范、信任、合作、群体特点、邻里关系、日常生活社交[④]
Stone C.	家族、核心家庭、熟人、朋友、邻居等非正式网络,亲子关系、社会团体、教育、儿童保护、体育、休闲、艺术、音乐、教会、自愿服务、慈善团体、自助团体等系统网络[⑤]
Grootaert C.	信任与纽带、集团与网络、社会凝聚力与包容性、集合协作、政治行动与赋权[⑥]

---

① 林南、马戎:《漫谈社会学和社会发展》,《社会学研究》2003年第4期。
② 王春超、周先波:《社会资本能影响农民工收入吗?——基于有序响应收入模型的估计和检验》,《管理世界》2013年第9期。
③ 冯兴元、鲍曙光、孙同全:《社会资本参与乡村振兴和农业农村现代化——基于扩展的威廉姆森经济治理分析框架》,《财经问题研究》2022年第1期。
④ Cassidy N., "A Dimension Approach to Measuring Social Capital: Development and Validation of a Social Capital Inventory", Current Sociology, Vol. 2, No. 49, 2001.
⑤ Stone C., Regime Politics. Harmondsworth: Penguin Press, 2001.
⑥ Grootaert C., Bastelaer T. V.," Understanding and Measuring Social Capital: A Synthesis of Findings and Recommendations from the Social Capital Initiative", Earth Surface Processes & Landforms the Journal of the British Geomorphological Research Group, Vol. 7, No. 30, 2001.

续表

学者	构成要素
World Bank	居民对社区公共服务的满意度评价、相互信任的变化程度、地方集体行动共识的形成、居民与地方政府的关系、正式集体行动的自发参与[①]
Rohe W.	个人信任、居民参与、有效的组织活动规范、组织内合作、信任[②]
苏镇光	信任基础、社会规范、网络、参与机会、利他倾向和包容度[③]

由以上要素可知，社会资本可以分为"结构型社会资本"和"认知型社会资本"。从网络角度看，社会资本作为一种社会结构，从规范和社会信任的角度看，社会资本被看作是一种社会文化。它们分别被称为社会资本的"结构方面"（A Structural Aspect）和"文化方面"（A Cultural Aspect）。社会资本的结构方面一般体现在自愿组成的协会（Associations）的关系之中；社会资本的文化方面则主要体现在社会规范和价值之中，特别体现为社会信用。公众结成的社会网络被视为结构方面的社会资本，而公众之间形成的信任和互惠规范被看成文化方面的社会资本。

Uphoff 将社会资本分为认知性社会资本和结构性社会资本。认知性社会资本是指让人相互协作的文化和意识形态，或是规范、价值、态度和信念强化的精神过程。结构性社会资本包括连接社会网络中的各种社会组织形态。[④]

认知社会资本具有信念、价值、信任、态度、规范等主观不可测的特征，而结构性社会资本可以看作是社会结构或网络等客观可

[①] World Bank, Measuring Social Capital, World Bank Press, 2000.
[②] Rohe W. ," Building Socal capital through Community Development", Journal of the American Planning Association, Vol. 2, No. 70, 2004.
[③] 苏镇光：《社会资本指标体系研究》，《韩国地域开发学》2004 年第 1 期。
[④] Uphoff N. , "Grassrotts Organization and NGO in Rural Development: Opportunities with Diminishing States and Expanding Markets", World Development, Vol. 4, No. 21, 1993.

测的社会资本。根据不同的思考角度,其内容可从个人价值与信任的微观角度、组织规范的中观角度和国家与社会结构的宏观角度来进行区分。①

社会结构是反映与社会合作相关的因素,分为文化因素和社会矛盾。文化因素反映了影响社会和谐的社会底层的文化背景;社会矛盾通过社会合作会产生负面的影响,如收入不均衡、民主主义、政府力量过大等社会矛盾。②

作为结构性社会资本的网络与社会结构属性有关,意味着个人或集体之间的"非人格连接排列"。"网络"是指为了达到共享的目的,个人或组织之间的相互作用和交换资源的社会体系。随着网络的大小、范围、密度、多样性等特性变化,社会资本的性质也会有所不同。因此在对社会资本的讨论中,关注网络是十分必要的。③

国家或社会的社会资本存量可以从宏观、中观和微观三个角度来测量。这三个角度对应着社会规范制度、社会组织团体、个体成员之间的人际交往。④ 首先,社会规范制度提供了国家、社会的规范;通过分析政治制度、法律制度、经济制度、宗教制度、亲族制度等,来对制度性社会资本的存量做出测量。其次,社会组织、团体提供了非正式规范,是社会资本的重要组成部分;通过测量社会组织、团体的规模大小、组织结构、网络分布、成员关系、组织文化等,可以测度社会组织、团体的社会资本规模大小。最后,个体成员之间的关系以及成员之间的信任、合作程度,不仅是个人自身的社会资本,也是整个社会所拥有的资源,即个体成员的关系网络包括信任程度、参与程度、合作深度、规范程度等方面;微观的关

---

① 张梁梁:《政府治理与 FDI 进入模式:以社会资本为调节变量》,《世界经济研究》2018 年第 7 期。
② 西里尔·布莱克:《比较现代化》,杨豫等译,上海译文出版社 1996 年版。
③ 罗伯特·帕特南:《独自打保龄:美国社区的衰落与复兴》,刘波等译,北京大学出版社 2011 年版。
④ 彼德·什托姆普卡:《信任:一种社会学理论》,程胜利译,中华书局 2005 年版。

系网络可以用来衡量一个国家、区域的社会资本存量。①

在世界银行所提供的研究成果中，将社会资本划分为"政府社会资本"（Government Social Capital）和"民间社会资本"（Civil Social Capital）。"政府社会资本"是指影响人们互利合作能力的政府制度。"民间社会资本"包括民众的共同价值、规范、社会关系网络。政府制度被认为是正式制度，因此政府社会资本被认为是正式社会资本，民间社会资本被认为是非正式社会资本。这两种类型的社会资本能够合作解决社会秩序问题。政府制度提供公共规则以约束人们的行为，社会规范和普遍信任类似于带有法律强制性的财产权和契约权，它们减少不确定性和交易成本，促进交易效率，鼓励专业化以及激励理念、人力资本和实物资本方面的投资。②

世界银行经济学家斯蒂芬·克拉克提出了政府社会资本与民间社会资本的测度主要指标。③

（一）测量政府社会资本的指标体系

一是公民自由和政治自由。包括法治、契约实施、财产安全、司法独立等。

二是政治风险评级。国际商务组织（IB）、国际国家风险团体（ICRG）以及商业环境风险情报评估公司（BERI）提供这样的评估。它们选取同私人财产安全和契约实施最为相关的变量，包括政府腐败、法治、被剥夺风险、政府拒绝履约、官僚素质等。

三是企业家调查。衡量财产权、契约实施以及官僚廉洁和效率的更显著的方法是对在该国从事经营活动的外国和本国企业家进行调查。

四是契约密集型货币。在契约的第三方处于并不可靠的环境中时，个体出于众多理由将以货币形式更大比例地持有他们的金融产

---

① 张正岩、王志刚、孙文策等：《何以破解特困地区合作社的集体行动困境——基于社会资本视阈的多案例分析》，《农业经济问题》2021年第12期。
② 陆铭、李爽：《社会资本、非正式制度与经济发展》，《管理世界》2008年第9期。
③ 斯蒂芬·克拉克：《增长与贫困》，曹荣湘译，上海三联书店2003年版。

品。这个指标弥补了上述指标主观衡量的明显不足。

（二）测量民间社会资本的指标体系

一是公民社会和政府绩效。居民对地方政府行为的满意度；政府绩效（预算及时性、立法改革、对信息需求反应的精度和速度等）；公民社会指标（报纸阅读、体育和文化组织数量、投票参加率、偏好式选举发生率）。

二是群体成员资格。研究假定平行组织中的成员资格是增进经济绩效的信任和社会关系的来源，因此成员所具有的平行组织的身份数量是一个重要的指标。

本书综合考虑公共服务供给能力、居民公共服务需求水平以及公共服务满意度评价几个方面，将社会资本的测量维度分为信任、参与、规范三个方面。就信任而言，信任是所有社会资本领域的重要测量维度，是公共服务供给者与需求者形成共同认知的主要成分；信任在公共服务满意度和循环人际关系中，是不可缺少的社会资本构成要素。就参与而言，政策过程中居民参与的透明性，为政策执行者提供了相应的反馈，具有降低公共服务生产费用的调节效果，使政策执行者可以按照居民的要求提供适当的服务。就规范而言，制度规范的遵守是实现正义（Justice）的手段，在公共服务中影响社会安全网的构建、维护和管理，对于公共服务的供给、需求以及满意度产生极大的影响；"他人也和自己一样遵守规范"这一信任水平的形成，会减少社会不必要的矛盾和费用，也能更有效地使用政府的财政。因此，本书把社会资本的测量维度设定为信任、参与、规范三个方面。

1. 信任

"信任"就是"相信他人未来的可能行动的赌博"。面对人类困境，我们可能采取三种积极的态度——希望、信心和信任。[1] 信任被看作是一种道德资源，也被认为是社会资本的核心要素。人们已经充分注意到信任关系对于个人、组织和社会的重要意义。美国马

---

[1] 彼德·什托姆普卡：《信任：一种社会学理论》，程胜利译，中华书局2005年版。

里兰大学政治学教授艾里克·乌斯拉纳（Eric Uslaner）指出，"信任可以使一个人生活健康和富有"。当人们彼此信任时，他们就更可能照顾到别人的偏好，并且倾向于建立一个具有较高生活质量的更愉快的社会。①

为了衡量社会资本存量多少，福山提出了"信任半径"的概念。② 社会资本的重要内容是社会的信任程度和信任范围，二者可以决定社会成员的合作方式、合作范围、合作深度、合作成本。一个社会的信任程度越高，信任范围越普遍，这个社会也就越繁荣发展，越和谐稳定。福山将不同的文化地区分为高信任文化与低信任文化。他指出，具有强烈家庭内部或种族内部信任关系的社会并不一定是一个"高信任度的社会"，有利于区域经济社会发展的信任一定是陌生人之间信任，只有陌生人之间的信任并在集体利益中行动的社会才算是一个"高信任度的社会"。

在社会关系网络中，信任一旦形成，共同体成员便可以相互协作、相互监督减少社会运营成本。③ 信任是社会资本的核心要素，具有促进社会团结、社会稳定和相互合作的功能。信任关系通过组织成员的地缘、血缘、学缘等人际关系的持续互动而形成。④ 信任是促进组织内部成员之间合作的重要因素，也是实现社会团结和协作的前提要素。组织成员为了实现自己和组织的利益，建立了相互合作关系，在施加影响的同时，会与对方保持相互依存的关系。信任还被看作是人们共同的一种期待，在有交换关系的组织中，个人或集团的行为如果能为了整体利益而自我约束的话，信任度便会

---

① 艾里克·乌斯拉纳：《民主与社会资本》，吴辉译，华夏出版社2004年版。

② 弗朗西斯·福山：《信任：社会美德与创造经济繁荣》，彭志华译，海南出版社2001年版。

③ John F., Social Capital, London and New York: Routledge, 2003.

④ Fukuyama F., Trust: The social virtues and the creation of prosperity, New York: Free Press, 1995.

提高。①

信任作为社会资本的构成要素，通过对人们行为产生一定程度的约束，成为保障社会团结稳定、建立良好社会秩序的主要工具之一。② 信任总是与社会个体之间的关系相联系，作为社会关系交往的"润滑剂"而渗透于社会交往之中。社会资本在组织内部可以促进合作、减少内部矛盾、减少公共支出、促进组织发展、提高人际关系质量。一方面，信任可以抑制"机会主义行为"，避免"囚徒困境"，促进社会高效率的交易与合作。另一方面，信任也有利于实现社会控制、维护社会团结、整合社会秩序。因此，信任是稳定社会关系的基本因素，是人的内在要求和价值目标。

政府信用是政府行为合法性的基础，是政府实施有效管理的资源，是政府收益的持久源泉，也是社会信用的根本保障。政府失信不仅破坏了政府自身的形象，而且会从根本上瓦解好不容易才建立起来的社会信用体系。社会资本理论家认为社会资本是随时间慢慢产生的，但它可以很快地失去，例如，一次失误便能够极大地浪费集体的信任资源和社会联系。③

从经济和功利的角度计算，政府失信要比商业失信的代价更大。因为，政府作为公共权力机关，被认为是正义的执行机构，也是对欺骗行为实施惩罚的专门机关。政府本身不守信，以及政府不能对欺诈行为及时实施惩罚，都会造成政府信用的流失。前者会由于政府的胡作非为而失去合法性，后者会因为政府的无能而丧失权威性。

2. 参与

参与有助于建立共同体目标。④ 罗伯特·帕特南阐明了社会资

---

① Coleman J. S. , "Social Capital in the Creation of Human Capital", American Journal of Sociology (Supplement), Vol. 94, 1988.
② 苏镇光：《通过社会资本实现地方自治和地域发展的一体化方案》，《地方行政研究》2004 年第 2 期。
③ 帕特里克·敦利威：《民主、官僚制与公共选择——政治科学中的经济学阐释》，张庆东译，中国青年出版社 2004 年版。
④ 苏镇光：《社会资本衡量指标研究》，《韩国地域开发学》2004 年第 1 期。

本和居民参与之间的关联性,认为社会资本是由居民共同体形成的,强大的居民共同体最终会实现社会资本的积累。他还指出经济发展较快的意大利南部地区比中部和北部地区的社会组织少,在信息高度发达的现代社会,社交媒体扩散了人与人之间的关系,成为促进多元主体参与的媒介。[1]

公众参与网络是帕特南提出的一种解释模型,他认为社会资本起源于公众参与网络,并分析了公众参与网络对于社会资本的关键作用。首先,公众参与网络培养了互惠的习惯,一个互惠的社会相对而言更有效率;增加了交易中背信弃义的成本,有利于克服机会主义,从而使互利互惠的规范更加牢固。其次,公众参与也有利于协调和沟通。通过反复的博弈,更容易维持合作关系。社会资本有自我强化和积累的倾向,广泛的公众参与网络为成功的合作因而也为资本的积累创造了机会。

社会资本具有公共性,它不是由私人部门提供,而通常是政治、经济、社会活动的副产品。即社会资本是在不经意间创造和积累起来的,它不能由特定的私人部门提供,也不能由特定的政府部门来提供,它只能在社会成员广泛的交往中自发产生。[2]

公民参与身边日常事务对于社会资本的积累具有更加重要的意义。例如社区居民的参与意识会加强社区主人翁意识、社区归属感和认同感。社区居民积极投入、广泛参与社区公共事务,表达自己的意愿,关注社区的发展,能够推动社区的建设和进步。社区居民的社区参与加强了居民之间的交流,增进了邻里关系,强化了居民的社区归属感和社区凝聚力,有利于提升社区的文明程度。[3]

奥尔森关于"小集团"的理论告诉我们,小团体更容易激发人们的参与活动。因为在"小集团"中,人们更容易看到自己的利益,更

---

[1] 罗伯特·帕特南:《使民主运转起来》,王列等译,江西人民出版社2001年版。
[2] 严成樑:《社会资本、创新与长期经济增长》,《经济研究》2012年第11期。
[3] 桂勇、黄荣贵:《社区社会资本测量:一项基于经验数据的研究》,《社会学研究》2008年第3期。

容易表达自己的利益诉求，因而也更容易形成集体行动。帕特南的论述向我们展示了社会资本投资的又一个方向。如果横向的公民参与网络有助于参与者解决集体行为困境，那么组织结构越是横向的，它就越能够在更广泛的共同体内促成体制性的功能。因此，要促进社会资本的发展，扁平状的组织结构和横向的社会联系是非常必要的。例如，邻里社团、合唱团、合作社、运动俱乐部或政党就是提供这种横向水平联系的组织，因此，它们应当是鼓励发展的对象。①

3. 规范

规范是社会资本的重要组成要素。规范的遵守是基于互惠性的社会规范，互惠性的社会规范能够增进成员之间的责任意识，提高社会合作水平。② 互惠性的社会规范意味着组织成员为了相互尊重和谋求共同的利益，会遵守国家法律或组织规则等各种规则。③ Ukuyama 表示："社会资本是促进两个以上成员之间合作的非正式规范，社会资本中规范是最基础的要素"。Putnam 表示，"规范也是社会资本维度的重要组成之一，规范通过网络的联系会变得更加坚固"。

规范具有抑制个人私心、实现集体利益的功能。其能够制约成员的行为，促使成员在社会规范引导下结成一定的社会关系，并按照社会规范的要求来统一意志行动。社会组织要有效运转，就需要一定的规范来统一组织内成员的个体行为；当个体的社会行为符合社会规范时，便会得到社会认可；当个体的社会行为背离社会规范时，就会受到社会的否定。④ 社会规范的制约作用正是维持一个社会组织稳定、发展的前提。例如互惠是指两个行动者相互依赖的关系，或者指一种行为状态，在这种状态下，两个行动者之间产生的

---

① 罗伯特·帕特南：《使民主运转起来》，王列等译，江西人民出版社 2001 年版。
② John F., Social Capital, London and New York: Routledge, 2003.
③ Putnam R., "The Prosperous Community: Social Capital and Public Life", The American Prospect, Vol. 13, 1993.
④ 吴玉锋：《新型农村社会养老保险参与行为实证分析——以村域社会资本为视角》，《中国农村经济》2011 年第 10 期。

对称交换；即交换双方是平等的，任何一方都不占支配地位；① 没有集体成员间的相互信任，互惠性就不会发生，因此，互惠性是与信任有着非常密切关系的社会资本构成要素。②

社会规范是个体社会行为的价值标准，是用以衡量个体行为的社会意义并作出判断的依据。所谓个体的社会行为，是指人与人之间存在着相互影响的行为，是在人与人之间的交往中发生的。个体的社会行为对社会生活及社会秩序都有着直接的影响，因而人的社会行为就需要有一定的社会规范加以制约和规定，社会规范正是评价和规范个体社会行为的工具。

社会规范是社会可持续发展的重要手段。各种行为规范互相配合，有机组成一个社会规范体系，调整人们各个方面的社会行为，维护一定的社会秩序，使社会活动纳入一定的轨道。社会规范的地位和作用正日益为人们所重视，社会规范不仅对于社会的存在、发展至关重要，对于个体的存在、发展也必不可少。社会规范反映了一个群体的共同价值；个体要在群体中生活，必须掌握这种价值标准，并自觉地用来约束自身的社会行为，调节人际交往活动，才能为群体所接纳；这种适应社会系统的价值需要的过程，也就是个体获得社会标准，完成社会适应的过程。因此，社会规范是社会个体行为选择及定向的工具，社会规范与社会控制共同维持社会秩序。

第二节 公共服务相关理论探究

一 公共服务概念及特性

公共服务（Public Service）是指由公共部门或相关中介机构履行法定职责、根据公民或者其他组织的需求，为其提供基本的、范

---

① 刘春荣：《国家介入与邻里社会资本的生成》，《社会学研究》2007年第2期。
② 李研、张大红：《社会资本对林农获取林业碳汇项目权益的影响》，《农村经济》2021年第7期。

围广泛的、非营利性的服务。公共服务满足居民生活、生存与发展的某种直接需求,能使居民受益。公共服务的供给主体由政府、市场和社会三部分组成。公共服务可以根据其内容和形式分为基础公共服务(水、电、气,交通、基础设施与气象服务等基础公共服务)、经济公共服务(科技推广、咨询服务以及政策性信贷等经济公共服务)、公共安全服务(军队、警察和消防等方面的安全服务)、社会公共服务(教育、医疗、文化旅游、社会福利以及环境保护等方面的社会公共服务)。

公共服务是为了维持社会共同体的生活、生产,为共同体提供所需公共物品的公益产物或者服务。[①] Doherty 和 Terry 认为公共服务的概念形成于 19 世纪的工业革命之后,社会经济高速发展使得城市化过程加速推进,各种新的社会需求由此产生。[②] 国家为居民提供多层次多元化的公共产品和服务,旨在解决供需矛盾、满足群众需求,大幅减少了社会矛盾,为经济社会可持续发展提供了有力保障。

李方毅对公共服务的定义表述为"为解决居民问题,达成公共目标,增进公共利益的政府活动"。[③] 可以看出,其定义主要强调公共服务的政府职能性。Sharp 认为公共服务的目的是为了提高居民的生活质量,政府是公共服务供给的重要主体,提供与居民便利相关的产品或服务。[④] 但随着公众的服务需求越来越多,民众要求也越来越高。政府公共服务职能的有限性决定了它不是唯一的公共服务供给部门,也需要利用其他组织的力量,如社会组织、利益团体等提供一部分公共服务,以弥补自身公共服务供给能力的不足,确保公共服务保持较高质量水平,从而满足公众的需求。

---

① 简·莱恩:《新公共管理》,赵成根等译,中国青年出版社 2004 年版。
② Doherty T. L., Horne T., Managing Public Services: Implementing Changes – A Thoughtful Approach to the Practice of Management, London and New York: Routledge, 2002.
③ 李方毅、郑垂勇:《我国省级政府公共服务绩效评估研究》,《南京社会科学》2020 年第 7 期。
④ Sharp E. B., Urban Politics and Administration: From Service Delivery to Economic Development, New York & London: Longman, 1990.

Flynn 认为公共服务供给需要多元主体参与，公共物品和服务均可通过政府、市场、社会组织等来供给；① 但为了实现有效供给，政府、市场和社会组织在提供公共服务时，应该根据公共服务方式和服务对象的不同实施必要的协同供给。另一方面，朴彦书强调要注重公共服务的满意度反馈及其供给主体规则。他认为"公共服务是由政府直接供给、生产的与公民利益相关的财物或服务，同时还将其他利益团体、公共企业、第三部门等主体生产的所有财务和服务一并传达给公民"。② Savas 主张公共服务不仅包括提供水、电、气，交通、基础设施、气象服务等基础公共服务，还包括为满足公民的生存、生活、发展等社会性直接需求的社会公共服务，如公办教育、公办医疗、公办社会福利等。③

贾婷月认为公共服务的供给是增进公共利益的途径，不是实现个人意志的工具，而且公共服务要为大多数民众谋求利益，促进大多数人的发展。④ 崔俊浩认为公共服务的目的是提高居民生活质量，维护社会的基本公平，发挥调节及化解社会矛盾的作用。⑤ 无论公共服务的主体是中央政府还是地方政府，都应该满足居民合理的需求和期待，保障民众的受益权，这样也有利于化解社会中的各种矛盾。

金成弘强调政府的公共服务功能，以及保障人民群众生活质量的责任心。⑥ 公共服务所遵循的并不是市场化的供给—需求法则，而是以维护社会公共利益为目的。社会需求也不是一成不变的，公共服务应当根据社会需求的发展，及时调整公共服务的理念，要适应区域经济社会现状的发展，使公共服务理念与社会发展的具体实践相适应。

---

① Flynn N., Public Sector Management, Upper Saddle River: Prentice Hall, 1997.
② 朴彦书：《提高民间委托效率性的方案研究》，《地方行政研究》1998 年第 1 期。
③ Savas E. S., Privatization and Public - Private Partnerships, New York: Chatham House, 2000.
④ 贾婷月、王晓阳、司继爱等：《财政支出推动了区域制造业升级吗？——基于基础设施与基本公共服务双重视角的实证检验》，《上海财经大学学报》2021 年第 6 期。
⑤ 崔俊浩、李焕范、宋建燮：《广域城市附近中小城市居民之间相互迁移的影响因素评价》，《韩国行政学报》2003 年第 1 期。
⑥ 金成弘：《公共服务质量构成因素和测量模型研究》，《服务经营学》2006 年第 3 期。

表 2-3　　　　　　　　公共服务概念

研究者	概念及定义
金仁	对公共服务定义表述为："为解决居民问题，达成公共目标，增进公共利益的政府活动"，可以看出，其定义主要强调公共服务的职能性[①]
Sharp, E. B.	需要利用其他组织的力量，如社会组织、利益团体或第三部门等提供一部分公共服务，以弥补自身公共服务供给能力的不足，确保公共服务保持较高质量水平，从而满足公众的需求[②]
Flynn, N.	为了实现有效供给，政府、市场和社会组织在提供公共服务时，应该根据公共服务方式和服务对象的不同，实施必要的协同供给[③]
朴彦书	公共服务是由政府直接供给、生产的与公民利益相关的财物或服务，同时还将其他利益团体、公共企业、第三部门等生产主体生产的所有财务和服务生产一并传达给公民[④]
Savas, E. S.	公共服务不仅包括提供水、电、气，交通、基础设施、气象服务等基础公共服务，还包括为满足公民的生存、生活、发展等社会性直接需求的社会公共服务，如公办教育、公办医疗、公办社会福利等[⑤]
闵景烨	公共服务提供作为增进公共利益的途径，不是实现个人意志的工具，而是要为大多数公民谋求利益，促进大多数人的发展[⑥]
崔俊浩、李焕范、宋建燮	无论公共服务的主体是中央政府还是地方政府，都应该满足居民合理的需求和期待，保障民众的受益权，这样也有利于化解社会中的各种矛盾[⑦]
金成弘	公共服务应当根据社会需求的发展，及时调整公共服务的理念，适应区域经济社会现状的发展，使公共服务理念与社会发展的具体实践相适应[⑧]

① 金仁：《关于公共服务分配的决定因素与公平性的研究》，博士学位论文，首尔大学，1986年。
② Sharp E. B., Urban Politics and Administration: From Service Delivery to Economic Development, New York & London: Longman, 1990.
③ Flynn N., Public Sector Management, Upper Saddle River: Prentice Hall, 1997.
④ 朴彦书：《提高民间委托效率性的方案研究》，《地方和行政研究》1998年第1期。
⑤ Savas E. S., Privatization and Public-Private Partnerships, New York: Chatham House, 2000.
⑥ 闵景烨：《对基础自治团体行政服务的居民满意度的研究》，博士学位论文，成均馆大学，2001年。
⑦ 崔俊浩、李焕范、宋建燮：《广域城市和附近的中小城市地区居民之间相互迁移的影响因素评价》，《韩国行政学报》2003年第1期。
⑧ 金成弘：《公共服务质量构成因素和测量模型研究》，《服务经营学》2006年第3期。

为了正确理解公共服务，首先要掌握"公共性"的概念。"公共（Public）"强调不是私人的（Private），是公共的。公共服务的公共性最终目的是为了实现民众的公共利益。根据服务的对象不同，公共服务可以被分为公共医疗服务、社会保障服务、公共教育服务、公共文化服务等多层次、多样化的服务。[①] 公共性是政府的基本属性，政府的公共服务要遵循民众的意志，不能与公共利益相背。[②] 即政府作为民众权力的委托者和行使者，应在公共服务供给过程中努力实现民众的公共利益。

金正烈、韩仁燮从传统行政理论和公共选择论的观点出发，根据理论所含括的范围，阐释"公共（Public）"的概念。[③] 传统行政学的观点认为公共概念是与私人（Private）含义相反的概念。而公共选择论理论则认为，公共概念和私人概念一样，都是追求个人合理选择的效用最大化。

布坎南将"公共性"从伦理层面和政治层面进行区分，认为在政治层面，"公共性"是以"大同社会"为目的，通过民主说服和讨论所达成政治协议的结果。在伦理上，他主张将"公共利益（Public Interest）"解释为"社会正义（Social Justice）"，即政治参与实际上是追求"实质性民主的社会正义"。[④]

戴维·赫尔德从马克思主义、自由主义视角以及哈贝马斯的公共领域和女权主义者的观点出发去理解"公共"概念，其中自由主义又细分为公民社会和经济社会的角度。从经济角度来看，为实现个人利益最大化所进行的私人之间的自愿性契约关系被视为私人领域。而在管理这一领域的过程中，政府为了多重利益不得不介入的领域被视为公共领域。另一方面，"公共"体现在以公民权为基础、

[①] 金成培：《探索传递公共服务的最佳模式：以调整特别地方行政机关的职能为中心》，《韩国地方自治学报》2006年第2期。
[②] 崔甲洙：《西方的公共性和公共领域》，《进步评论》2003年第9期。
[③] 金正烈、韩仁燮：《政学危机的真相和对策》，《韩国行政学报》2003年第3期。
[④] 布坎南：《自由，市场与国家》，平新桥等译，上海三联书店1989年版。

以平等和联系为目的的社会中,尤其是居民积极介入并参与集体决策过程中。① 从马克思主义的观点来看,"公共"是指从政治主体(社会共同体成员的集体关系)中理解公共决定的观点。而女权主义者认为私人领域是家庭,现有对于公共领域的认识多为政治性的社会共同体,并主张要重新界定私人领域和公共领域的边界。

二 公共服务的类型

学界对公共服务的类型和特性的定义形成多种看法。按公共服务的类型不同可分为公共物品类型、所有权类型、服务分配效果类型、供给方式类型等。②

(一) 按照公共物品的分类

公共服务的类型化可以追溯到 Samuelson 的观点,他提出"公共物品(Public Goods)"概念,并将其概念化,他用非竞争性和非排他性对私有物品和公共物品进行了区分和说明。③ 此后,又有 Musgrave 的"社会物品(Social Goods)"④ 和 Buchanan 和 Flowers 的"集体物品(collective goods)"等对公共物品的概念进行补充。⑤ 一般认为公共服务是公共物品的一种存在形式,但是对于公共服务在现实生活中是否一定要具有竞争性和非排他性的属性,难以做出明确的判断。而反推视角下,单纯从理论出发,根据公共物品的性质来区分公共服务是较为容易的。通过消费特性和排他性两个指标划分公共服务的类型,可以分为私用品、公用品、费用品、集合品或公共品,⑥ 如表 2-4 所示。

---

① 戴维·赫尔德:《民主的模式》,燕继荣等译,中央编译出版社 2004 年版。
② 埃莉诺·奥斯特罗姆:《公共事物的治理之道》,余逊达、陈旭东译,上海三联书店 2000 年版。
③ Samuelson P., "The Pure Theory of Public Expenditure. Review of Economics and Statistics", Vol. 36, 1954.
④ Musgrave R. A., Musgrave, P. B., Public Finance in Theory and Practice, New York: McGraw Hill, 1984.
⑤ Buchanan J., Marilyn F., The Public Finance, Illinois: Homewood, 1987.
⑥ Savas E. S., Privatization and Public-Private Partnerships, New York: Chatham House, 2000.

表 2-4　　　　　　　　　　公共服务的类型

物品及服务的特性		排他性	
		可排他	不可排他
消费特性	个人	私人物品（服务）(Private Goods)	公共物品（服务）(Pubilc Goods)
	集团	收费物品（服务）(Toll Goods)	集体物品（服务）(Collective Goods)

第一，私人物品等私有财产具有根据市场机制（按照需求和供给原则）提供的特性，因此从根本上不存在供给矛盾问题，只需要考虑服务的稳定性、规格标准以及低收入阶层的生活稳定等社会层面的问题，但需要政府发挥一定限制作用。例如，为了确保食品、医药品或电梯、公共建筑等服务的稳定性和社会公平性，需要考虑集体行动（Collective Action）的逻辑。①

第二，同公共物品一样，公共服务的消费也是不可分的。人们往往共同消费或共同享受。但由于公共服务是相对有限的资源，公共物品在供给和消费中受到公共部门的严格限制，因此需要额外承担对财物保护和消费的一定费用。动植物、草原、河流、湖泊等自然资源也包含于此。②

第三，收费用品随着使用者数量的增加，会产生单位费用减少的自然垄断（Natural Monopoly）现象。因此，为了防止自然垄断，需要政府的介入或限制。例如，有线电视、通信、电气、煤气、下水道、收费公路、图书馆等都适用于此。

最后，集体性公共产品或服务同样不能直接通过市场进行供给，这一类物品主要由公共部门通过征收租税进行供给，包括解决大气

---

① 李利文：《公共服务供给碎片化研究进展：类型、成因与破解模型》，《国外理论动态》2019 年第 1 期。
② Musgrave R. A., Musgrave P. B., Public Finance in Theory and Practice, New York: McGraw Hill, 1984.

污染控制、防火、天气预报等服务问题。①

（二）按照所有权分类

按照产品或服务的所有权进行分类，公共服务可以被看作是全体公民所有的服务，具有公共所有权性质，是完全由公共所有的多种多样的服务。而私人产品或服务则顾名思义为私人所有。②

（三）按照是否有益品（Merit Goods）分类

有益品是由 Musgrave 首次提出的概念，主要指"政府不满意市场分配形成的资源分配时，通过制定干预个人偏好的政策而提高生产量的物品，这类物品往往是价值较高的重要物品"。有益品概念中所提出的逻辑依据，是由国家或政府介入，提供国民最需要但市场无法提供的产品或服务。在这类有益品中，住宅、教育、医疗等虽然不完全具有公共物品所具有的消费的非竞争性、非排他性等特性，但因其外部性较大，社会重视度相应较高。而如香烟或毒品那样，社会上并不希望出现的物品，则被称为"公害品（View Bads）"。

与其说有益品是经济问题，不如说是社会选择问题。因为学者的研究更多是从社会的角度进行规范的限制，而非从经济学的传统分析框架出发分析个人的选择问题。在公共物品、规模经济、外部性等方面定义的社会福利，为个人福利的总和，市场失灵则意味着在这种社会福利无法最大化地发挥作用。③

为了纠正市场失灵，政府的介入将使社会福利进一步扩大化。但是，在有益品方面，有研究发现存在着社会福利与个人福利无关的现象。有益品理论脱离了传统的经济学研究框架，大部分的财政学教材中并没有对有益品的说明，学界对此的研究也极为有限。④

---

① 李利文：《公共服务供给碎片化研究进展：类型、成因与破解模型》，《国外理论动态》2019年第1期。

② E. S. 萨瓦斯：《民营化与公私部门的伙伴关系》，周志忍等译，中国人民大学出版社2002年版。

③ Musgrave R. A., Musgrave P. B., Public Finance in Theory and Practice, New York: McGraw Hill, 1984.

④ 郑顺宽：《公共服务市场模式的理论准则》，《韩国政策学报》1997年第2期。

（四）按照服务分配效果的分类

第一，按照服务的优先顺序来区分。根据服务的优先顺序或重要程度，服务可以分为高水平服务（Core Service）和低水平服务（Secondiate Service）两种。高水平服务的特点是供给稳定、是人类基本生活必需，被视为地方政府的基本职责范围，低水平服务则与之相反。①

第二，按照公共部门的作用范围。该标准主要表示公共服务在多大程度上可满足公众对特定服务的需求。如果某项服务被认为是特定服务，那么这一服务理应由公共部门来提供，但实际上这种服务更多是全面服务（Comprehensive Service），不仅仅是补充服务（Complensive Service）。

第三，按照受惠者的范围。若公共服务的受惠者是普通居民，那么这一服务为普遍服务（Universal Service）。若公共服务的受惠者是特定团体，则称之为特定群体的服务（Special Chartcteristic Service）。②

第四，按照服务效果。根据服务所带来的影响，服务效果可以分为中立客观的分配性服务（Distributive Service）（如涵盖全体范围的强调公平性服务）和差别性的再分配性或发展性服务（Redistributive or Development Service）。

公共服务还可以根据具体社会功能、服务受益范围、服务性质的不同进行分类。从社会功能的角度来看，可以分为保护居民日常生活所需的服务、保护人身和财产的服务、维持公共秩序的服务、提高个人潜力的服务、保障最低生活水平的服务。根据服务受益范围，可以分为连接城市生活及功能的服务、为个人个别受惠的服务。根据服务性质，可以分为保护性服务、公益性服务、经营性服务。③

公众所需求的服务会随着时代、文化或特定事件的发生而变化。

---

① 李承宗：《地方自治论》，博英社2003年版。
② 李利文：《公共服务供给碎片化研究进展：类型、成因与破解模型》，《国外理论动态》2019年第1期。
③ 格罗弗·斯塔林：《公共部门管理》，陈宪等译，上海译文出版社2003年版。

因此，可以对公共服务进行现状描述，但无法用一个既有的特定框架进行规定。比起"公共服务"的概念研究，现有研究更多倾向于探究与公共服务相关的政府支出或者这一提供公共服务的过程中政府官员所发挥的作用等。

通过以上对于公共服务类型和特性的分析，可知公共服务一方面强调满足社会成员的基本需求，另一方面旨在提高社会成员的生活质量，是涵盖范围广泛、形式多种多样的。在探讨公共服务的生产和供给方式到底是市场的问题还是政府的问题之前，居民想要得到什么样（What）的服务是最为核心的内容，基于这项核心内容，如何（How）生产公共服务则是实现这一目标的手段。

（五）按照供给方式分类

公共服务的种类繁多，服务的供给方式也多种多样。供给方式根据供给主体的差异而有所不同，一般在之前提到的供给和生产体系中，根据社会治理主体间相互作用的方式进行区分，主要的供给方式分为政府和民间两种，因此，每种供给方式分为政府和民间两种生产方式，综合整理来看，从供给方式出发进行生产方式的区分，主要可以分为10种方式，如图2-3所示。

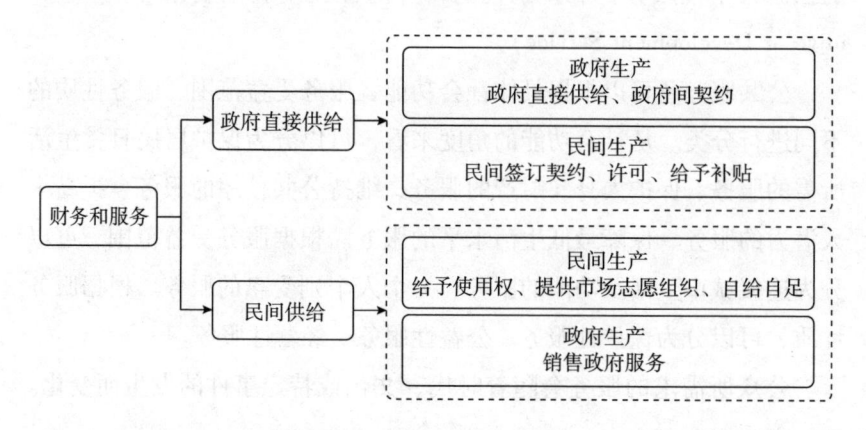

```
                  ┌──────────────┐    ┌────────────────────────────┐
                  │              │───▶│ 政府生产                    │
                  │ 政府直接供给 │    │ 政府直接供给、政府间契约    │
                  │              │    ├────────────────────────────┤
┌──────────┐      │              │───▶│ 民间生产                    │
│          │─────▶└──────────────┘    │ 民间签订契约、许可、给予补贴│
│ 财务和服务│                          └────────────────────────────┘
│          │      ┌──────────────┐    ┌────────────────────────────┐
└──────────┘      │              │───▶│ 民间生产                    │
                  │  民间供给    │    │ 给予使用权、提供市场志愿组织、自给自足│
                  │              │    ├────────────────────────────┤
                  │              │───▶│ 政府生产                    │
                  └──────────────┘    │ 销售政府服务                │
                                      └────────────────────────────┘
```

图2-3 服务供给类型概览

资料来源：Savas E. S., Privatization: the key to better government, Chatham of N. J.: Chatham House Pub, 1987.

1. 政府直接供给

（1）政府直接供给（Government Service）。政府直接供给是政府直接生产和提供公共服务。政府作为公共服务的提供者，通过制定公共政策等方式，提供公共安全或国防等民间企业难以提供的公共服务。

（2）政府间契约或协定（Intergovernment Agreement）。一个地方政府需要其他地方政府的服务，而进行协商或委托的形式叫作政府间契约或协定。例如由于本地的高中数量不足，而将本地区的学生输送到附近其他地方政府所具有管辖权的高中、并享受该地区公共服务尤其是教育服务的情况。在这种方式下，与其他政府进行委托或协商的政府将成为供给决策者，其他政府则成为服务的生产、供给商。[1]

（3）民间签订契约（Contract）。民间签订契约属于政府购买服务的重要形式。政府与非营利组织或私营企业等第三方签订私有合同，并通过该合同让第三方提供公共服务。相较于政府提供的服务，第三方提供服务的效率可能更高，因而这种方式是市场化公共服务下较为推崇的方式。[2] 目前，许多国家广泛采用这种提供公共服务的方式。在这种情况下，政府成为向非营利组织或私营企业等第三方支付费用的公共服务提供者，而实际的公共服务生产者则是民间的非营利组织或私营企业等第三方。[3]

（4）许可或指定（Franchise）。这种方式是政府给特定机构或企业提供专项服务的特许，但为了保障公共利益最大化，需要对特定单位加以条款限制，如价格限制等。例如政府许可民间企业为建设道路而自付建设费用，随后向居民收取道路使用费，但政府为维护公共利益，对道路使用费加以一定限制。如此，民间企业起到了

---

[1] 张开云、张兴杰、李倩：《地方政府公共服务供给能力：影响因素与实现路径》，《中国行政管理》2010年第1期。

[2] 赵环、徐选国、杨君：《政府购买社会服务的第三方评估：社会动因、经验反思与路径选择》，《福建论坛（人文社会科学版）》2015年第10期。

[3] 田凯：《西方非营利组织理论述评》，《中国行政管理》2003年第6期。

提供服务的作用，而政府仍是是供给决策者的角色。这种与民间的合作方式，虽然由政府向民间支付资金，但该许可和指定方式是消费者将使用费用支付给生产者，差异在于政府在这个过程中采取了一定程度的干预。

（5）给予补贴（Grant）。这是为鼓励生产公共服务的民间团体而采取的补贴和支持方式。补贴的形式主要有财政补贴、减免税收、低息贷款、贷款扶持等。私营企业发挥服务生产者的作用，政府仍然作为服务供给决策者和费用支付者。

2. 民间供给

（1）给予使用权（Vouchers）。这是为了鼓励特定群体的特定服务，而向消费者支付使用权的方式。[①] 如果说给予补贴的方式是保护生产者，那么此方式则是保护消费者，让消费者能够自主选择服务的种类。例如为低收入阶层这个特定群体发放一定的餐券或文化活动免费入场券，鼓励他们消费。文化活动场所的管理者，在这一过程中扮演了服务生产者的角色。特定群体在政府的鼓励下则扮演了该服务的消费者，政府则为此支付一定的费用以补偿生产者。

（2）提供市场（Free Market）。这种方式是通过价格这一市场调节机制来控制服务供给，发挥市场在资源配置中的决定性作用，提供大部分私有性质较强的服务或付费使用性质较强的服务，都更倾向于采用此方式。政府规范市场发展方向和制定一定的价格标准，但不参与和居民的交易。消费者根据市场规则选择生产者，根据价格进行需求和供给的均衡，从而使交易成立。[②]

（3）提供志愿服务组织（Voluntary Service）。志愿服务组织是慈善机构通过利用自身资源来提供力所能及的服务，弥补了政府和市场提供所带来的缺陷，例如公益运营的养老院或孤儿院。其所提

[①] 谷中原、李亚伟：《政府与民间合力供给生态产品的实践策略》，《甘肃社会科学》2019年第6期。

[②] 丹尼斯·C. 缪勒：《公共选择理论》，杨春学等译，中国社会科学出版社1999年版。

供的服务决定了服务的主体是志愿服务组织,由民间自主支付使用所需要的服务费用。

(4) 自给自足 (Self Service)。这种方式是最原始的服务供给方式,是个人自产自销的形式。家庭是最基本的自给自足的单位,在饮食、保健、住房、福利、教育等方面的服务均为自给自足。

(5) 销售政府服务 (Government Vending)。销售政府服务主要是民间组织或机构以政府生产的服务为产品,向居民进行销售。例如为了民间组织的安全,需要使用政府的警察安保服务,因此民间应向政府支付一定的费用。在这种形式中,政府起到了公共服务生产者的作用,但并非公共服务的供给者和消费者。①

综上,公共服务供给的形式是多种多样的。然而应当意识到,任何方式对于私有物品的提供都适用,但对于公共产品,排除自给自足之外的其他方式才是主要形式。② 因此,研究不同供给类型及其所发挥的不同作用也是至关重要的。

有学者指出,以上 Savas 的 10 种服务供给类型本质上是通过政府和民间的关系进行分析的。其更多强调竞争,将政府的功能集中在民间化的对象上,而忽视了民间组织与政府之间的合作和协同的可能性。公共服务供给中的参与者一直是国内外从理论和实践两个层面均不断探索的问题。在日本,第三部门是政府与民间合作型的代表形态,现已成为公共服务供给的新型通用形式。表 2-5 是根据公共服务供给体系整理出的参与者的作用。

表 2-5　　　　根据公共服务供给体系类型参与者的作用

供给体系类型	供给决策者	服务生产者	费用支付者
政府直接供给	政府	政府	—
销售政府服务	消费者	政府	消费者

---

① 陈卫东:《社区自治:自组织网络与制度设置》,中国社会科学出版社2004年版。
② Savas E. S., Privatization and Public – Private Partnerships, New York: Chatham House, 2000.

续表

供给体系类型	供给决策者	服务生产者	费用支付者
政府间的契约	政府	政府	政府
契约	政府	民间企业	政府
许可（专卖）	政府	民间企业	消费者
许可（竞争的）	政府、消费者	民间企业	消费者
给予补贴（补助生产者）	政府、消费者	民间企业	政府、消费者
给予使用权（保护消费者）	消费者	民间企业	消费者
提供市场	消费者	民间企业	消费者
提供志愿组织	志愿组织	民间组织	-
提供志愿组织供给（契约）	志愿组织	民间企业	志愿组织
自给自足	消费者	消费者	-

资料来源：Savas E. S., Privatization: the key to better government, Chatham of N. J.: Chatham House Pub, 1987.

正如前面所讨论的，为了维持长期有效的公共物品和服务的供给和生产，政府需要从中采取一定的措施、发挥一定作用，提供方式包括政府的直接供给、政府间合作、政府与民间合作、支付补助金等。其中，不同的类型可以提供不同的产品或服务。表 2-6 是根据所提供物品或服务的种类，进行的公共物品供给体系分类。

表 2-6　　　　根据物品或服务类型的供给类型比较

供给类型	私人物品（服务）	收费物品（服务）	集体物品（服务）	公共物品（服务）
政府的直接供给	O	O	O	O
政府的服务平台	O	O		
政府间的契约	O	O	O	O
与民间的契约	O	O	O	O
许可	O	O		

续表

供给类型	私人物品（服务）	收费物品（服务）	集体物品（服务）	公共物品（服务）
给予补贴	O	O		
给予使用权	O	O		O
提供市场	O	O		O
提供志愿组织	O	O		
自给自足	O	O	O	O

资料来源：Savas E. S., Privatization and Public-Private Partnerships, New York：Chatham House, 2000.

此外，有学者将公共服务的供给方式分为公共供给型、公私并存型、公私合作型、民间委托型、民间供给型等。公共供给型是由国家公共部门、地方自治组织或国有企业等公共性组织直接提供公共服务的形式。公私并存型是公共部门和民间同时存在以提供公共服务的形式，公有和私有模式并存，医院、住宅、大学、福利等服务的供给均存在此种形式。公私合作型是由公、私部门共同合作以提供公共服务，由政府和民间共同分担生产所产生费用的形式（企业主体属于民间组织范畴）；在公共服务提供过程中还需得到公共部门的财政支持，以引导公共服务的供给。[1] 民间委托型是将公共部门的公共服务供给业务的一部分或全部、委托给民间部门进行提供的形式；民间部门在这一过程中主要承担生产职能，而政府则负责指导和提供财政支持。民间供给型是民间进行公共服务的部分生产和供给的形式；煤气、道路运输等公共服务的提供，大多都是采取这种形式；民间部门有能力生产该服务，且供给具有一定的市场弹性，因而不会产生明显的社会矛盾。公共服务的供给主体分类，[2] 如表2-7所示。

---

[1] 速水佑次郎：《发展经济学：从贫困到富裕》，李周译，社会科学文献出版社2003年版。
[2] 青木昌彦：《比较制度分析》，周黎安译，上海远东出版社2001年版。

表 2-7　　　　　　　按照公共服务供给主体分类

供给类型		公共服务
公共供给	公	政府直属警察，消防 国有企业型上下水道，电力，铁路
公共民间并存供给	公/民	医院，学校，美术馆，博物馆 住宅供给，宅基地开发，停车场，体育设施等
公共民间合作	公、民	企业分担型机场，休养地，大型工程 资金分担型交通中心，残疾人福利设施 诱导型市区再开发，距离秩序，文化财产保存
民间委托	公—民	垃圾回收，街区清扫，各种检查业务
民间供给	民	市场供给，许可，担保

三　新公共管理理论和新公共服务理论

（一）新公共管理理论（New Public Management Theory）

1990 年以后，以欧洲经合组织（OECD）为中心重视组织建设和行政效率的行政改革备受瞩目。传统的管理理论认为，社会需求矛盾的出现引发政府的失灵或低效率，都可以归结为政策的失败。针对此问题出现的政府改革模式称为新公共管理，也被称为市场导向的公共行政（Market-Based Public Administration）、管理主义（Managerialism）、后官僚制典范（Post-Bureaucratic Paradigm）或企业家政府（Entrepreneurial Government）等，经典观点认为政府应该"掌舵"而不是"划桨"。

新公共管理理论大体上可以分为两个流派。英国强调"新管理主义"，美国追求"企业家政府模型"，两大流派都重视对消费者即公民的"对应性"和"责任性"，具有确保行政业务具有"效率性"的战略意识。新公共管理的理论背景为新管理主义（Business-Type Managerialism Or New Managerialism），尤其是私营部门管理理论和新制度主义经济学（New Institutionalism Economics）两种理论基础。①

英国的新管理主义认为"让管理者来管理",这是良好管理的基本准则。新管理主义的公共改革是建立一个可以适应居民对社会要求的政府,合理回应居民对于政府以及社会的要求。这与新制度主义经济学的交易费用理论(Transaction Cost Theory)、委托—代理理论(Principal-Agent Theory)以及公共选择理论(Public Choice)都有着共同的追求。因此,新公共管理的基本理论框架是新管理主义和费用交易理论、委托—代理理论、公共选择理论等融合的理论。公共选择理论认为,政府官员虽然具备良好的管理能力,但在官僚制下,对官员们的道德感和责任履行进行适度怀疑并且控制这些官员的不良动机是有必要的。②

(二)新公共服务理论(New Public Service Theory)

新公共服务理论是在公共责任和业务上强调政治民主主义(Democracy)的理论。这种理论将政府部门看作模仿私人企业的组织,是对只强调效率的新公共管理理论弊端的反省。新公共服务理论认为,政府应该进行服务而不是掌舵,且服务的是公民而不是顾客;政府应该更加注重人的价值,而不仅仅是生产力;通过政府与居民共同参与,政府采取民主的决策方式进行管理,要战略地思考,民主地行动。从新公共服务理论的角度来看,该理论更加重视管理过程、公权、民主意识的觉醒等民主社会的价值观。③

新公共服务理论以民主公民权理论(Theories Of Democratic Citizenship)、公民社会和社区模式(Models Of Community And Civil Society)、组织人本主义和话语理论(Organizational Humanism And Discourse)三种理论作为认识论的基础。与新公共管理权衡私利与公益相比,新公共服务理论还逐渐意识到公共价值及公共价值治理的

---

① 西里尔·布莱克:《比较现代化》,杨豫等译,上海译文出版社1996年版。
② 曼瑟·奥尔森:《权力与繁荣》,苏长河等译,上海人民出版社2005年版。
③ Denhardt R. B., Denhardt J. V, The New Public Service: Serving, Not Steering, Armonk of N. Y.: M. E. Sharpe, 2007.

要求。

一方面，从公共服务生产形式的变化历程来看，主要表现为从现有政府直接、间接提供的方式逐步转变为由民间提供，这种变化强调了现有的供给方式中参与主体的变化。其变化的根本原因可以概括为：第一，政府财政负担的增加；第二，政府供给方式的非效率性。

另一方面，公共选择理论对 Samuelson 的理论提出批判，认为公共物品所具有的特性，决定了政府应该介入公共服务的供给过程。但也有人主张，公共物品的有效分配和需要政府介入的逻辑，与 Samuelson 的公共性（或公共财产）概念没有任何关联，认为公共部门的生产活动并不是公共物品有效分配的充分必要条件。[1] 另一个批判性观点认为，公务员提供公共物品的目的不是为了最大限度地提高居民的社会福利，而是为了最大限度地扩大对自身所处领域的预算。

从效率性的角度来看，公共领域与民间领域不同，更缺乏有效工作的动机。运营预算和资本预算都是通过独立的账户决定，而两个账户之间的转移较为困难。在民间市场，如果顾客对企业的财物或服务不满意，企业就会被迫退出市场。但是在公共领域，如果居民不满意，反而会增加政府的财政预算。市民社会的发展是影响公共服务供给的主要因素，因为受到官僚制的限制，在现代社会中市民团体在决策过程中扮演着多种政治、社会行为者的角色，市民的力量也在这过程中逐步得到加强。[2] 政府通常只决定政策，公共物品或服务一般是通过民间委托和签订合同来生产和提供，这是一种新型公共服务供给形式。随着这一形式的发展，对公共服务的民营化和民间委托的效果持消极反对态度的人越来越多，其观点的根本理论便是新公共服务理论。[3]

---

[1] Holcombe, R. A., "Theory of the Theory of Public Goods", Review of Austrian Economics, Vol. 1, No. 10, 1997.
[2] 唐力行：《国家、地方、民众的互动与社会变迁》，商务印书馆 2004 年版。
[3] 方振邦：《政府绩效管理》，中国人民大学出版社 2012 年版。

第三节 社会资本与公共服务"供给—需求"关系

一 社会资本与公共服务的供给能力（Supply Capacity）

（一）能力的概念

"能力"一词是 1970 年 Lundberg 在论文"Planning the executive development program"中首次提出的。1973 年 McClelland 在论文"Testing for competence not for intelligence"中对"能力"的解释受到学术界的极大关注，逐渐被学者用作解释多种概念。①

"能力"和"才能"概念上有一定差异。"才能"是指与组织目的达成无关的、个人所拥有的资质；"能力"在《辞海》中意为"掌握和运用知识技能所需的个性心理特征"。"能力"与"才能"不同，是与组织的成果创造直接联系在一起的概念。李载成将能力模型定义为公共、私人部门都要求的技术，而胜任力模型则更关注管理者实际做什么，以及良好的管理惯例所具有的共同特征。与"能力"和"力量"相似的概念有"技能"（Skill），这主要是指个别业务（Operational）水平的管理者或服务所要求的知识、技术和行为。②

能力可分为微观和宏观两个层面，微观即狭义上可以将能力看作是自己的职务或日常生活中能够取得成功的力量或源泉，广义上的能力包括心理或行动的属性。因此，通常认为能力是在履行职责中表现优秀或取得成果的人身上存在的特性。③ 从宏观角度看，能力是指创造组织核心价值的资源的结合、聚集的形态，通常与知识杠杆、资源

---

① 埃莉诺·奥斯特罗姆：《公共事物的治理之道》，余逊达等译，上海三联书店 2000 年版。
② 李载成：《地方政府力量的实证分析：以忠清南道市郡为中心》，《韩国政策科学学报》2007 年第 3 期。
③ Boyatzis R. E., The competent manager: a model for effective performance, New York: Wiley, 1982.

系统、战略资源等多个词语混合使用。在能力中，能够提高个人或组织成果的主要力量叫作核心力量，"核心力量"这个词在 Penrose 的研究之后被引入到战略经营领域，受到了极大的关注。[①] 核心力量是企业与外部市场环境相互作用过程中、内部功能整合过程的重要载体。对于企业，在应对瞬息万变的市场环境的过程中，综合组织内外部的资源、财务、技术等以最大限度发挥组织效能的力量叫作核心力量。在公共服务方面，政治家的核心力量体现在被称为居民投票的消费者选择行为中，是指在固定的财政水平下，为了提高自身的竞争性所能最大限度地满足公民公共服务需求的人力或组织能力。

在崔炳九等以民间企业为对象的研究中，企业核心力量被划分为吸收力量、调整与整合力量、转换力量三个范畴。吸收力量是企业与市场之间相互作用的结果；从获得组织外部资源这一点来看，是将外部必要知识整合为企业资源的力量；组织和整合能力是企业内部功能之间的整合过程，即整合企业内部知识以创造新知识的力量；转换力量是为了应对不断变化的市场环境而重新建构知识的能力。根据时间的不同，学界将这些知识定义为企业适应环境变化的力量，如表 2-8 所示。

表 2-8　　　　　　　　　　核心能力的特征

区分	吸收能力	调整与整合能力	转换能力
空间层面	从外部到内部	内部	内部
时间层面	现在	现在	从过去到现在
代表研究者	Cohen & Levinthal	Grant	Garud & Nayyar（1994）

资料来源：崔炳九、李光浩、李熙硕：《组织能力和知识管理系统：从支持知识创造的角度》，《创新管理杂志》2011 年第 7 期。

能力可以分为个体能力和组织能力。个体能力主要从心理学角

[①] Penrose E., The Theory of the Growth of the Firm, New Jersey Wiley: Blackwell, 1959.

度强调个人水平,组织能力则偏重从经营学角度强调组织战略。但通常所说的核心能力是指组织的核心能力,而非个体能力。核心能力是指组织所拥有的知识、人力、文化、技术等创造组织核心价值所需集中的资源和力量。在公共服务方面,组织的核心能力不仅仅意味着一个组织能够履行职能的能力,还包括在一定财政资源的限制下最大限度地满足公民要求的公共服务需求所具备的能力。

(二) 地方政府的能力

地方政府的能力,可以理解为地方政府为达到目的所需要的组织能力和公务员的人力能力、物质能力和财政能力,即公共服务供给行为主体整合组织内部的人力、信息、结构、知识、财政等资源,并通过自身所具备的能力创造出新的服务。[①] 与公务员个人的人力能力相区别,地方政府能力才是作为决定公共服务供给质量的因素。

从地方政府能力的构成角度来看,领导者的组织管理能力、协调沟通能力、创新创造能力是重要因素。同时作为地方政府内部成员的领导副手、公务员,以及监督和支持他们的地方议会议员等能力也是重要的因素。[②] 此外,李载成将地方政府的能力划分为人力能力和物力能力,物力能力又进一步分为财政能力、程序能力和信息化能力。

苏镇光指出,地方政府为了加强自治能力,需要做到以下几点。[③]

第一,建立本地管理体系;第二,培养地方人才,提高地方公务员的工作执行能力;第三,制定社区管理规范;第四,提升公民参与的主动性和积极性,以促进获得感和归属感的构建;第五,确保地方政府的透明性。

[①] 尹斗燮、吴承恩:《社会资本对地方政府外部力量的影响:以城南市为例》,《行政论丛》2005年第1期。

[②] 李载成:《地方政府力量的实证分析:以忠清南道市郡为中心》,《韩国政策科学学报》2007年第3期。

[③] 苏镇光:《加强地方政府自治力量的方案》,《城南发展研究》2005年第2期。

这些地方政府自治能力的强化方案，都与社区社会资本的积累具有密切相关性。①

1. 地方政府公务员的作用认识

从一般公民的立场上看，对公务员的评价主要有清廉的公务员、腐败的公务员、有能力的公务员，或者不作为的公务员等片面的、两分法的评价倾向。在 Jeffrey 等关于美国公务员认识研究中，根据角色认识的区别将公务员类型分为 5 种。②

第一，"公共利益代言人"。公务员是有较强欲望参与制定符合社会需求的公共政策的集体。他们渴望为具有特殊性的群体制定政策。比起政策的效率性，他们往往更倾向于公共利益或出于社会平等的社会和政治目的。在他们看来，他们的工作与选举的目的或管理无关，而是单纯为了维护社会公共利益。

第二，"现实主义者"，即在公共价值和个人效率价值之间寻找均衡的公务员类型。他们非常重视公共管理和公共服务的均等化，但是这一努力往往被外部的法律、制度、上级的指示所破坏。尽管受到种种因素的限制，但他们仍旧否定公务员的中立性这一价值观，强调社会公平的价值观，但为了在官僚组织中的自身生存，还是接受在约束内进行工作。

第三，"实用主义者"。即非常重视组织和个人的效率价值。这类公务员和现实主义者一样推崇低成本、高效率的政府。现实主义者会更加重视上级的指示，而此类的公务员重视比上级的指示更有效的解决方案，追求有效且符合公共利益的方案。但他们并非无限度的追求效率，往往会在限制范围内克制过于夸张的观点以获得支持。"现实主义者"认为效率和公平都很重要，但实用主义者更重视效率，拒绝对自身角色的政治化，不再像变形现实主义者一样积极为少数民族或

---

① 苏镇光：《地方自治和社会资本》，《韩国地方自治学学报》2000 年第 4 期。
② Jeffrey L., Brudney F., Hebert T., et al., "Reinventing Government in the American States: Measuring and Explaining Administrative Reform", Public Administration Review", Vol. 1, 1999.

非特权阶层的利益出面,而是采取模棱两可的态度。

第四,"不作为管理者"。这一类是较为中立的公务员,他们充分认识到了法规、制度、上级和期待的界限,也认识到非选举制公务员和选举制公务员的差异。选举产生的公务员在遇到政策阻力时要发挥领导能力,但非选举产生的公务员则不必如此。如果市民社会存在利益冲突或矛盾,他们甚至有拒绝担任仲裁角色的倾向。

第五,"理想主义者"。这一类公务员将自己的作用视为维护、彰显公共利益或政治地位,通常会表现出高效、高质、精准地处理事情、富有责任心的特征。虽然在区分立法和法律实施间有区别,但与其说是选举制公务员意志的单纯传达者,不如说他们是献身于社会均等价值的人。他们相信在实现社会均等价值的过程中,应该兼具效率性和公平性。虽然这一类公务员有着和"公共利益代言人"相同的价值倾向,但在对待选举制公务员的态度方面仍存在较大差异。"公共利益代言人"在政策制定过程中表现积极,但"理想主义者"则重视政策的执行和落实,重视作为选举制公务员为特定政策的落地提供信息的角色。

新公共服务理论对公务员的角色的认识与新公共管理理论不同。他们认为,在行政的新潮流——治理时代的现代社会,新公共管理理论观点是与现实逆反的。新公共服务理论中所说的公务员的作用与民间组织不同,是对公共利益十分关心的人。为了实现这一目标,他们往往会将自己的公务员职业正当化。从这一点来看,新公共服务理论者眼中的公务员与其说是具有企业家精神的 CEO,不如说是为公益服务的贡献者(Meaningful Inviduction)。[①]

2. 地方政府的人力理论

为了强化地方政府的能力,加强公务员等人力资源的能力素质、内部流程再造就显得尤为重要。其中,人员作为主导地方政府革新

---

① 艾里克·拉斯缪森:《博弈与信息:博弈论概论》,王晖等译,北京大学出版社、生活·读书·新知三联书店 2003 年版。

的力量是至关重要的。作为地方政府的内部成员及管理者,其队伍包括地方政府副手及高层公务员,以及负责具体业务的公务员。除此之外,通常还会有地方政府立法通过的具有提案、监督职能的公务员、地方居民代表等。

对于韩国行政体制而言,在地方政府中,领导者的力量固然重要,领导副手、具体公务员以及地方议会议长在内的地方议会议员等力量亦不可忽视。但目前韩国地方政府行政的执行机关和地方议会的机关分立模式,① 如果地方议会不能履行对执行机关的监督和制约功能,那么就只能沦落为行政审批的执行机关。因此,地方议会要履行积极的监督职能,才能更好发挥地方自治的效能。

基于民主主义精神,公民与地方政府的连接也是密不可分的,通常的连接模式是"公民—地方议员",因此对于地方议会议员的评价在地方政府整体性评价中占据重要地位。② 从这一角度来看,议员通过一定活动听取所在地区民众的意见并进行适当反映,是衡量地区民众和地方议会之间的纽带关系的重要方式。③

人力能力是内部能力的重要构成要素。通过对人力能力的开发,充分认识、合理利用并考核地方政府内部公务人员、地方自治组织等人力资源。Adler 主张,作为地方政府改革的动力主体,政策制定者的行为十分重要。在政府改革政策扩散的研究中,他将地方自治组织的意志、知识、模仿、环境等作为改革政策扩散的因素通过建立模型进行分析。Adler 也认为政策制定者的领导能力是决定地方政府改革效能的核心因素之一。④ 除此之外,对于韩国政体来说,地

---

① 李钟秀:《38 个城市整合地区的公共服务供给能力测评》,《韩国地方自治学报》1996 年第 1 期。

② 李承宗:《为使居民和地方议员建立良好关系的政策课题》,《自治议政》2000 年第 3 期。

③ 金明焕、朴基关:《关于增进韩国地域社会的社会资本研究》,《韩国政治学报》2001 年第 4 期。

④ Adler P. S. , Kwon S. W. ," Social Capital: The Good, the Bad, and the Ugly", SSRN Electronic Journal, 2009.

方议会也同样作为政府内部行为者存在。

金炳国、权伍哲主张,在能力评价上,为了实现目标所具备的现有能力、为获取能力而采取的行动,以及在此过程中的改革理念和努力等都应该成为评价的对象。他们也将政府能力在能力本身和改革意志两个层面进行了定义,即政府能力包括行政机关推进政策的系统的能力,以及改善系统内部不足的意志。①

通过对地方政府创新的多项实证研究,可以发现地方政府的领导能力对于加强地方政府能力发挥重要影响。领导者的意志和领导魅力及其领导力对被领导者及居民也有很大的影响,对于以领导人为中心的政治、行政文化较强的韩国来说,更是不可忽视的重要指标。

除了领导能力外,影响地方政府创新的因素仍有很多,为了将领导者追求的使命和目标具体化,测定目标和目标达成的评价指标是必要的。可以通过领导者个人的行为规范进行评价,从居民的立场上看上述是否获得满意、达成共识也是十分有必要的。

3. 地方政府的物质能力

物质能力是地方政府的内部结构力量,与人力力量一起构成核心力量,可以分为财政能力、程序能力、信息化能力等。在物质能力中,财政能力是地方政府进行自主性行政行为的基础能力要素。随着财政等物质能力的变化,地方政府的行政执行效果可能会出现重大差异。因而不仅要重视物质能力,也要重视对物质能力的评价,应当注意地方政府在推进公共事业时,是否在努力增加自身财政收入等物质资源,以获取更大的自主性。根据中央的补助金、抚养金支出赤字来看,无论是中央政府还是地方政府,财源丰富、财政充足都是十分重要的。②

---

① 金炳国、权伍哲:《地方自治团体内部组织力量评价体系的构建及应用方案》,《韩国地方行政》1999年第2期。

② 盖伊·彼得斯:《政府未来治理的模式》,吴爱明、夏宏图译,中国人民大学出版社2001年版。

地方政府的财政能力是满足地方居民提供优质公共服务的重要财政条件，可以从地方财政能力、财政完整性两个概念进行定义。①在财政能力的概念中，不仅需要从结果导向考虑财政的供给，还需要考虑包括需求在内的各个方面。特别是为了加强地方政府的能力，需要加强预算制度管理及合理的预算执行管理，可以从财政花销的合理性和有效性等角度进行具体的项目分析。

将财政的完整性进一步细分，可分为财政的安全性和自主性。财政的安全性主要是确保稳定的税收和制定满足支出所需的预算。财政金额的变化和能够促进公共事业的能力，是财政安全性的主要考察指标。②具体的测量指标由财政能力指数、财政自主度、常规收支比率、地方债务偿还比率、税收拨款比率等组成。效率性追求的是通过一定生产范围内投入最低费用而收获最高价值，或者是说比起一定费用的投入获得更大的效果。

政府的物质能力中，程序能力是指地方政府工作流程中的能力，可以从决策的有效性、程序的民主性等来考察该能力。程序能力可看作是从决策制定到决策执行的整个过程是否可以有效完成，或者与其他地方政府的竞争中能否确保优势。决策迅速是考量程序能力的重要指标，该项指标的考量可以防止因裁决时间延迟而浪费费用等行政成本。程序的民主性是指在决策过程中能够积极听取下级管理者如民众的意见，防止独断专行带来的弊端。

互联网被认为是 21 世纪信息通信技术变化中最具划时代意义的通信媒体。从网络角度来看，地方政府网站的利用度不同，数字政府、电子政务的发展水平也会相应有所不同。信息化能力可以细分为电子政务服务、电子公共管理、电子民主主义等。信息化管理意味着数字政府的发展建设水平。作为一种超越传统的管理方式，其运用对于公共管理有着非同寻常的意义。除此之外，电子政务的发

---

① 罗荣渠：《现代化新论：世界与中国的现代化进程》，商务印书馆 2004 年版。
② 陈艳娇、张兰兰：《媒体关注、政府审计与财政安全研究》，《审计与经济研究》2019 年第 1 期。

展有利于促进政府管理系统的建设和完善，最终提高公务员的工作积极性和效率、居民通过网络参与社会治理的能力。①

(三) 社会资本与公共服务供给能力的关系

学界对于以美国、澳大利亚、英国、挪威、德国等主要发达国家为中心的地方政府发展成果和社会资本的关系的分析讨论一直在进行中。这其中大部分研究都是通过地方政府的成果测定，并且以居民为对象进行了满意度调查。将财政盈余或赤字、公共服务或产品的投入产出比设定为问卷调查的指标，以此来分析地方政府的公共服务供给能力。

Keefer 在美国希拉库斯大学 (Syracuse University) 的调查基础上，以资本管理、会计管理、结果管理、人力资源和信息技术部门作为政府能力所产生成果的指标进行研究。其研究表明，美国州政府力量与社会资本之间存在较强的关联性。通过社会信任、非正式组织参与、调查满意度等来衡量和研究社会资本与地方政府的关联性。结果显示，当地居民的主动参与水平和信任水平与政府关联较为显著。为了解决社会资本的内生性问题，研究还将部分宗教变量用作社会资本的工具性变量 (Instrumental Variable)。②

Rice 以爱荷华州 114 个地区居民为对象，对居民的社会资本与地方政府回应的有效性之间关系进行了调查，以区域内公园和道路设施为指标对政府管理能力和居民的社会资本进行了定量研究，结果显示两个变量之间呈现显著效应，表明居民的社会资本与地方政府的能力认识有着非常密切的联系。Gabriel 调查了州政府的政策效果和居民的社会资本水平之间相关性；根据研究，入狱率和贫困率高的地区，通常都会被评价为受到州政府的不良政策 (Bad Policy) 的影响；人均收入或人均 AFDC 受惠金额较高的情况下，州政府往

---

① 何得桂、武雪雁：《赋能型治理：基层社会治理共同体构建的有效实现方式——以陕西省石泉县社会治理创新实践为例》，《农业经济问题》2020 年第 12 期。

② Keefer P., Knack S.,"Polarization, Politics and Property Rights: Links Between Inequality and Growth", Vol. 1, No. 111, 2002.

往会被评价为良好的政府；其研究报告说明，当地居民的社会资本越高，贫困率就越低，AFDC的受惠金额也有增加的倾向。①

Andrews 对英国进行了以社区为单位的社会资本水平和地方政府的成果和关系的调查，认为两个变量之间有着非常密切的正相关（+）关系。地方政府的测量成果主要是通过对社会福利、教育、住宅、环境、休闲、文化等主要公共服务进行评价，依照各领域的重要程度附加了权重值。在对韩国地区的研究中，社会资本水平通过以下几点进行测定：第一，用每一千名居民自发结社数测度社会参与；第二，通过地方选举投票率测度政治参与；第三，通过每一千名居民的犯罪件数测度社会信任。②

Joe 等以澳大利亚为对象，对地区的社会资本水平和地方政府能力之间的关系进行了研究，验证了这两个变量之间确实存在非常密切的联系。他们认为，作为地方政府的能力尺度，其意义主要体现在：第一，制度能力调节政治、经济行为的相互作用，限制行为者之间的私人行为；第二，用政策能力可以评价管理能力和政策分析能力；第三，行政能力是有效管理公共设施和提供服务的能力；最后，政治能力是调解利害关系当事人之间的纷争，以及应对居民要求的能力。③

Borge 等以挪威地方政府为对象，对公民的民主参与和公共服务提供机制的效率性进行了比较，结果显示两个变量之间存在着极大的关联性。二者共同提高了地方政府的效率性，这里的地方政府的效率性是以地方政府的财政能力为测量依据，对中小学教育、养老服务、福利保障金、儿童保育、医疗保健等公共服务与地方政府的

---

① Badescu U. G., Eric M., Social Capital and the Transition to Democracy, London: Routledge, 2003.

② Kim H., Chung K. H., Choi S. O., "Revisiting the Dynamics of Social Capital, Government Performance, and Trust in Government: Evidence from South Korea", Korea Observer, Vol. 4, No. 51, 2020.

③ Joe W., Dollery B., "Revitalizing the contribution non-profit organizations can make to the provision of human services", International Journal of Social Economics, Vol. 33, 2006.

财政能力进行比较测定的。①

Geys 等以德国 987 个地方政府为对象，使用 1998 年、2000 年、2002 年三年的数据，分三次以财政投入对公共服务的促进能力、人口对比选民比率和投票率、地区选民联合体存在与否等在政治参与中的作用进行了分析，他们认为地方政府的财政投入比例越高，两者的关联性就越高。②

Coffé 等以比利时的 305 个地方政府为对象，分析了社会资本和地方政府财政能力——即财政盈余程度之间的关系。该研究以社会资本为尺度，对以下几点进行主成分分析来测定指标：第一，社会参与指数为居民人均自治团体数；第二，政治参与为选举率；第三，社会不信任指数为选定居民人均犯罪件数等。

Borge 等的研究报告称，社会资本每上升 1 个单位，地方政府的顺差就增加 2%—2.5%。该研究并没有使用部分学者所使用的居民的主观认识指标，而是使用了财政盈余等客观测量的方法，这与以往的研究有所不同。③

郑光浩在韩国 97 个市、郡、区的资料的基础上，研究了社会资本与地方政府财政能力的结构性关系。虽然居民团体密度等公共性指标对地方政府财政能力的影响显著，但体育俱乐部等私人性指标对地方政府财政能力的影响却不显著。且信息公开和居民参与均显示与地方政府的财政能力无关，社会资本直接对地方政府财政能力产生积极影响，但并没有通过居民参与或信息公开等变量（社会资本的运作机制）产生间接效果。当然，如果信息公开和地方政府财政能力之间出现了不正当的关联性，就有必要区分社会资本对政府

---

① Borge L. E., Falch T., Tovmo, P.," Public institutions, fiscal capacity, and democratic participation. Public Choice", Vol. 136, 2008.

② Geys B., Heinemann F., Kalb A.,"Voter ciency: Evidence from German municipalities", European Journal of Political Economy, Vol. 26, 2010.

③ Coffé H., Geys B.,"Participation in Bridging and Bonding Associations and Civic Attitudes: Evidence from Flanders", International Journal of Voluntary and Nonprofit Organizations, Vol. 18, No. 4, 2007.

成果的正面影响机制和负面影响机制来进行分析。①

尹斗燮、吴承恩以韩国城南市为研究对象，分析了社会资本对地方政府外部能力的影响，他们认为社会资本中的信任、社会网络、制度和规范对社会资本的形成都有积极的影响，其中社会网络的影响最大。除此之外，这一社会资源对地方政府的外部能力会产生积极影响。②

金秀炳以韩国济州岛公务员为研究对象，研究了影响公务员社会资本形成的因素。在社会资本决定因素和形成关系中，人力因素、组织运营、职务能力与社会资本之间存在正向的相关关系。冯净冰等对社会资本与地方政府竞争力之间的影响进行了研究，认为地方政府组织内的工作环境对组织成员的社会资本形成能够产生显著影响。③ 全五进、南相花主张公正的组织文化环境对公务员腐败行为的减少发挥积极的影响。④ 林承彬、李承宗研究了首尔市12个自治区的政府能力与其社会资本之间的关系，结论中大部分影响路径都不显著；这主要因为民选中地方自治的历史较短，缺乏对自治区的共同体精神，即认同感和参与的主动性。⑤

二 社会资本与公共服务需求水平（The Level of Demand）

（一）公共服务需求

政府本质上具有满足社会需求供给的职能。有学者提出公共服务需求意味着所有公民为社会成员能够共同感受到通过政府的供

---

① 郑光浩：《社会资本与地方政府力量关联性探索：以财政力量为中心》，《政策分析与评价》2010年第4期。
② 尹斗燮、吴承恩：《社会资本对地方政府外部能力的影响：以城南市为例》，《行政论丛》2005年第1期。
③ 冯净冰、章韬、陈钊：《政府引导与市场活力——中国PPP项目的社会资本吸纳》，《经济科学》2020年第5期。
④ 全五进、南相花：《公职社会的社会资本对腐败的影响》，《韩国政策科学学报》2009年第3期。
⑤ 任升彬、李承宗：《地方政府力量与自治区社会资本的关系：以首尔市12个自治区区间的比较分析为中心》，《地方行政研究》2005年第3期。

给、实现共同性公共目的而努力。① 另外，还有学者提出公共服务需求是指希望通过政府行政行为、满足公民对于所在地区和社会的期待和要求。因此，可以认为公共服务需求是包括公民心中所具体期待的、希望通过政府解决或处理的潜在需求的概念。

公共服务需求是个人需求无法通过市场机制加以解决或解决方向不理想时产生的社会性需求。因此，公共服务是指政府等行政机关提供的、用以改善公共服务事业、实现公民或集体诉求的行动。公民希望政府基于公共利益（Public Interest）对各项社会问题加以解决。

在公共服务分配的过程中，政府的作用是根据公民的需求来分配和提供服务，从而促进社会整体性公平。因此，为了理解公共服务的分配问题，应以公平性概念和判断为标准来了解公共服务需求的意义。

首先，不同的学者对于公平性的观点认识不一。Lucy（1981）认为公平性是包含需要（Need）、均等（Equity）、偏好（Preference）、要求（Demand）、支付意向（Willingness to Pay）等要素。Coulter（1989）在必要、均等等观点上与Lucy的主张一致，但是他还认为社会地位（Social Status）和市场购买力（Economic Market Forces）也是公平性概念的重要因素。除此之外，Lineberry（1974）将公平性概念从投入和产出两个层面进行理解，将投入和产出的公平性进行了分类定义。Perelman（1963）将公平的原理进行了公式化，分为给予属于同一范畴的成员同等待遇、给予与地位相应的待遇、给予各自法律的权利、按照所做的事情进行奖惩的相应待遇、根据各自的需要进行分配。

公共活动中均等性意味着所有人被提供相同的服务。实际上这是一种理想状态，在实践中是难以完全实现的，我们无法测定分配和传达给每个居民的服务是否平等，所以导致均等性指标的变动性

---

① 苏永珍：《行政学的危机和公共性问题》，《政府学研究》2003年第1期。

很大。因此，公平性并不是意味着在绝对水平上的均等，而是一种对应公民公共服务需求的相对概念。

在公共服务的分配中，具有可操作性的公平性测定标准一定程度上可以说是服务需求。需求通常是指希望满足什么样的需要，或者希望达到何种状态。公共服务需求则是希望在一个地区接受什么样的服务，或者希望达到何种状态。李承宗（2011）解释说，公共服务需求一定程度上代表着特定区域应当提供的服务量，在提供满足公共服务需求的公共服务时应充分考虑该区域提供服务量的公平性和差异性。①

以下是对罗尔斯原则作为公共服务公平分配标准的重新解释。第一标准为均等分配；这是指"如果没有将等级服务分配正当化的社会条件（特定服务需求），那么公共服务应该平均分配（Equily）"。第二标准是等级分配；如果有社会条件（特定服务需求）可以将等级服务分配正当化，公共服务的标准是考虑到社会条件的差异，应该进行等级（Equivally or Inclimate）分配。第三标准是等级条件的适用顺序；等级条件的适用优先顺序是以公共服务缺乏为基本条件，要求和贡献作为补充条件。

公共服务需求可认为是公共服务分配中公平性的现实化测定指标。需求是指想要的欲望或愿望。从这个角度来看，公共服务需求可以说是当地居民对公共服务的要求和愿望。或者说是想要接受某种服务，以及追求某种状态。服务需求的差异代表政府在特定区域提供的服务量与居民认为应该在该区域公平分配的服务量之间存在的差距。

这种公共服务分配公平性的核心是如何定义"各自的份额"，这一份额通过对服务的需求来体现。和罗尔斯原则一样，上述标准是公平性的现实标准，在服务需求同等的情况下，进行同等分配（标准1）；服务需求不同等的情况下，差别性地提供则是相对公平的（标准2）。考虑到以上所讨论服务需求的定义和服务分配的公平

---

① 李承宗：《实论：安全社会的实现和灾难管理》，《地方行政》2011年第2期。

性标准，现实中的公共服务分配存在三种状态：将服务需求视为"缺乏（Want）"、将公共服务需求视作"要求（Required）"、将公共服务需求视为"贡献（Contribution）"。

（二）公共服务需求的观点

1. 将公共服务需求视为"缺乏"

从缺乏的观点来看公共服务需求，主要是指连最低限度的稳定生活都不能保障的状态。公共服务是应对社会贫困阶层面临的困难，或因故而产生难以自我解决的问题，而提供的最低限度的保障服务。因此，"缺乏"状态下公共服务需求的满足需要深刻认识社会贫困阶层的微弱社会经济地位，以及由此所产生的各种差别问题，并将重点放在克服这些问题的方案上。这种观点与行政学的新倾向——社会公平性追求和罗尔斯（Rawls）定义的两个原则相一致。

为了缓和20世纪60年代美国社会因社会歧视引起的严重社会矛盾，新的具有价值取向的公共行政观点重新出现，社会最低保障作为判断社会公平性的标准逐渐受到关注。着重分配给社会弱势群体的份额以达成社会分配正义的重要过程，体现了差别分配的正当性。将公共服务需求视为"缺乏"的观点，基本上以公共服务分配的补偿和保障作用为根据，旨在为贫困阶层创造更为友好的服务。不只是经济层面的影响，贫困阶层与其他阶层相比不能享受充分的政治参与机会，因此也无法起到有效的政治作用。[1]

人们在生活过程中因自身能力等因素不同，存在着一些无法通过自身努力克服的情况。如果这种情况威胁到了人类的基本生存和生活，具有公共性的主体尤其是政府便应该努力纠正这种潜在的社会不平等的状况。[2]比起从贡献或要求的角度来看公共服务需求的构成因素，更应该重视实现社会公平性中国家的作用。

为了帮助在社会或经济上处于劣势的低收入贫困阶层，政府作

---

[1] 李忠夏：《"社会主义公共财产"的宪法定位："合理利用"的规范内涵》，《中国法学》2020年第1期。

[2] 李承宗：《实论：安全社会的实现和灾难管理》，《地方行政》2011年第2期。

为决定公共服务分配的主体，更加有责任通过制度性措施来解决问题。无论从社会正义的观点，还是从创造了实现实际意义上的平等机会来看，或是从"缺乏"的观点来看，公共服务需求都具有其意义。

2. 将公共服务需求视为"要求"

从"要求"的角度来看，公共服务需求是指居民对特定服务的要求。在这种情况下，服务潜在的使用程度或必要程度上体现了其要求。例如，消防服务需求较高的地方是火灾发生率较高的地区；在犯罪率较高的地区，出于自身安全的考虑，对警察服务的需求就会高；在人口多的大城市对下水道服务的需求也会很高。这种"要求"的公共服务需求可能会随着地区的不同而不同，也会随着时代的变化而变化。过去，以消防、治安、安全等基本国民和居民安全为优先的服务很重要，但当今社会公共图书馆、文化设施等国民休闲或文化活动等公共服务的需求随着社会进步、生活质量提高而不断增加。① 尤其是中国目前已经实现全面脱贫，广大群众开始更加追求解决温饱以外的高层次的精神文化生活。而在韩国，随着社会老龄化程度的加深，社会对老年医疗服务的需求越来越大。在工业化以前，老年人主要是由家庭抚养的。但工业化以后，老人的抚养义务从家庭回到了政府，社会层面对提供老人福利服务的期待和要求也随之增加。

但需要注意的是，将公共服务需求视为"要求"的这一理论存在一定缺陷，不能说明为什么应该对贫困阶层、弱势群体提供更多公共服务，但如果把重点放在犯罪率高的地区，在警察服务、火灾发生率高的地区，对消防服务的需求较高，这与"缺乏"的观点一致。② 如果说"缺乏"是为了让社会贫困阶层维持最低限度的基本

---

① 张连城、赵家章、张自然：《高生活成本拖累城市生活质量满意度提高——中国35个城市生活质量调查报告》，《经济学动态》2012年第7期。
② 珍妮特·V. 登哈特，罗伯特·B. 登哈特：《新公共服务：服务，而不是掌舵》，丁煌译，中国人民大学出版社2004年版。

生活，那么从"要求"的观点来看，公共服务需求相当于强调个人欲望的民主社会理念的实践，并且在现实政治中确实存在这类情况。这一事实符合公共服务分配的公平性意义所需的地方，即分配到有需求的地方是最正当的分配的观点，并且根据"要求"分配服务是最公平的。从结果上看，效率性和经济性毫无疑问是有效服务分配的标准。①

3. 将公共服务需求视为"贡献"

从"贡献"的观点来看，公共服务需求是指公民应以自己所支付的税收或成本为代价，从政府获得自己所需求的服务份额。对于如何定义应有的服务份额，虽然有很多讨论和争议，但是拿走自己的份额就意味着自己在这个社会有一定的股份或资格。从这个角度来看，这与罗尔斯的社会分配定义中，最小受惠者与优先份额的主张一致，因而"贡献"的观点与"缺乏"观点上的公共服务需求相似。

（三）公共服务需求水平的变化

随着社会的进步和发展，居民对政府所提供公共服务的需求也随之发生了变化。与以往相比，越来越多的人离开农村来到城市，导致社会的复杂性提高，居民对社会福利的需求越来越高，对交通、治安、消防、文化和教育设施的需求量及其水平也随之增加。②总体来说，需求变化的原因如下。

第一，人口要素直接影响公共服务需求变化。流动导致的人口增加，人口的密集也会增加对住宅、土地空间的需求。此外，社会对教育、交通、下水道的需求增加，对保健、防疫、医疗、公园休息室等多种安全和文化空间的需求也随之增加。随着社会发展进入新阶段，各国迅速进入老龄化社会，社会上对养老服务的需求也在增加。

第二，科技发展也为公共服务创造需求。医疗技术的发展延长

---

① 李承宗：《实论：安全社会的实现和灾难管理》，《地方行政》2011年第2期。
② 钟杨，王奎明：《中国城市公共服务公众满意度蓝皮书》，上海人民出版社2017年版。

了人类的寿命，对公共健康保险的需求也在增加。IT 技术的发展要求便利、自由的网络环境。交通、建筑、土木技术的发展一定程度上也增加了事故发生率，造成了各种灾害事故，由此要求政府扩大安全服务。

第三，城市化需要更多的公共服务。目前的全面城市化发展带来城市社会的复杂化，城市发展要求对处理废弃物、上下水道、预防火灾、治安等公共服务的需求十分巨大。

第四，社会观念的变化和收入的增加导致公共服务需求变化。随着全球化发展，新自由主义矛盾逐渐显露。人们对福利的认识逐渐改变，要求国家或地方政府介入失业保护、消费者保护、商业贸易、社会救助等领域。[1]

虽然对国家或地方政府的公共服务需求越来越大，但却很难对其进行测量。在市场经济层面来看，需求可以通过价格这一"看不见的手"来决定，并判断其需求的必要程度，使供给保持在一定水平上。[2] 如果市场价格上涨，就可以判断产品或服务需求增加，要进一步扩大供给；如果供给固定，价格下降，就会判断出消费者的需求比以前减少并做出减少供给的决定。但是在公共服务方面，由于其具有非排他性和非竞争性，不会由市场经济的价格机制自动决定，因而大部分只能根据政策研判或来判断居民的需求。[3]

尤其对于治安或海关等公共服务，政府通常会根据政治来判断需求，并决定服务量。作为消费者的公民需要通过税收等进行成本支付，不满意的情况下，会通过投票行为表示出自身的满意度。[4]

---

[1] 丁元竹、杨宜勇等：《促进我国的基本公共服务均等化》，《宏观经济研究》2008 年第 5 期。

[2] 项继权、袁方成：《我国基本公共服务均等化的财政投入与需求分析》，《公共行政评论》2008 年第 3 期。

[3] 吴昊、陈娟：《基本公共服务均等化的实现路径新探》，《云南社会科学》2017 年第 2 期。

[4] 蔡立辉、郝宇坤：《政府间接管理方式下公共服务满意度提升研究》，《行政论坛》2021 年第 3 期。

交通、教育、医疗等具有部分市场经济作用的服务领域，在市场性太小的情况下，由于有非竞争性的性质，竞争性市场的价格不会变化，民众需要根据政策决定价格。

不可否认，这些公共服务市场的性质也引发了很多问题。在一些国家由于官僚、政治家和地方势力的勾结，造成了公共服务不必要的生产，因此居民只能承担不正当的税务负担。为了避免可能产生的不满，政府往往会通过停止征收税金或发行债券等方式将现在的生产负担进行转嫁，或者引进民间资本进行没有市场性或竞争性的开发。

在具有非竞争性性质的公共服务市场上，很多时候由于官僚性质的政府不能进行过度的生产经营，通常会将在该市场的运营权委任给民间主体或民间资本，但由此而产生的政府或议会的监督和控制减弱，容易导致不良运营或欺瞒行为等情况。

政府能够测定居民公共服务需求水平的方法只有进行问卷调查。但问卷调查对象的回答并不能够代表当地居民的普遍要求或需求，因此就出现了问卷调查的代表性问题。居民们虽然积极赞成扩大公共服务的需求，但却对要相应支出更多的税金持反感态度。这种情况在具有非排他性和非竞争性的公共服务的特性上是不可避免的，这也是政府官员不正当使用税金导致的结果。

为了正确测度这些居民的公共服务需求，需要确保问卷调查的代表性。因而首先要慎重考虑问卷采用的方法，以及将现有公共服务需求的信息数据库化，努力用科学的方法测量需求。政府部门要努力使信息公开透明、以恢复居民的信任，并根据需求进行合理预测。当提供或生产了过多的公共服务时，应努力承担相应的司法、政治责任。在实际生产公共服务时，要随时检查居民满意度并进行适当反馈，不仅要对公共服务需求的量进行调查，还要对其质进行调查研究。[①]

（四）社会资本与公共服务需求水平的关系

根据研究，居民的社会资本会对公共服务产生一定影响。Putnam

[①] 约翰·克莱顿·托马斯：《公共决策中的公民参与公共管理者的新技能与新策略》，孙柏瑛等译，中国人民大学出版社 2005 年版。

认为，社会资本的互惠、规范、信任、网络在社会中不断积累，就可以带动该地区的经济、政治和文化发展。其在1995年的研究认为，地区居民之间的社会资本中的规范和网络积累起来，会对地方政府产生积极影响，成为地方政府能力发展的重要动力。① 在社会资本水平较高时，政府可以降低制度完善或规制所需的时间和费用，事先消除社会矛盾和混乱，从而提高行政效率。② 而市民团体的活跃也可以提高社会的透明度，有效地监督官僚社会的腐败，因此社会资本对政府公共服务供给能力能够起到非常有效的促进作用。

Rich研究了冷战后苏联解体的过程，强调了市民社会的团结度和志愿服务的团结度所起的作用；并以瑞士和日本为对象，对社会资本和政治之间的关系进行了比较分析。研究表明，两国在文化、经济、政治上有很强的相似性，这种类似的政治哲学和文化形成了两国相似的社会信任。虽然两国的生活满意度、道德态度、成员的团结度等方面有很大不同，但是教育、城市文化的相似性使两国产生了相似的社会信任。③

Ageman以流入美国的墨西哥移民者为对象进行了社会资本的研究。研究假设北美自由贸易协定（NAFTA）增加了服务和财富的生产、分配以及与消费者的交流，通过对移民的数量、移居地点、移居理由等进行分析，认为社会资本比人类资本理论或新古典理论的解释力更高。根据结果，可以针对美国移民者制定出更有效的管理政策。④

Morrison的研究从城市政治学的角度指出，在城市政策的制定

---

① Putnam R. D., "Bowling Alone: America's Declining Social Capital", *Journal of Democracy*, Vol. 1, No. 6, 1995.

② 李齐、李松玉：《治理主体行动逻辑的"四维分析框架"——兼伦乡村治理中乡镇政府行动逻辑演变及趋向》，《政治学研究》2020年第4期。

③ Rich R. C., The Politics of Urban Public Services, Lexington: Lexington Books, 2003.

④ Ageman J., "The Role of Civic Environmentalism in the Pursuit of Sustainable communities", Journal of Environmental Planning & Management, Vol. 3, No. 46, 2003.

过程中，能够引导居民自发参与的社会资本是促进社会发展和消除社会矛盾的重要因素。① 苏镇光同样表示，在地区开发和地方自治领域中，社会资本对社会发展起着非常积极的作用；② 苏镇光为了提出社会资本形成的社区开发战略，研究了传统资本的局限，认为社会资本在提高生活质量方面也具有一定效果。③

另一方面，地方自治的最终价值、目的、手段很有可能从社会资本角度与新的地域发展模式相联系。也可能从社会资本角度出发，通过社会关系的空间化，实现新的地域发展逻辑。苏镇光的研究为某社区的社会资本水平对制定环境政策的影响进行了实证性的调查分析，陶秀权也对社会资本在农业或环境管理与保护等领域的政府环境政策制定的影响进行了研究。④

陆奇斌等分析了社区参与与社会资本构成两个变量的关系，认为决定社区活动和市民社会健全性的社会资本，对地区的管理有着非常重要的影响。其认为，不仅社会资本中的参与要素，其他社会资本构成要素（信任、规范、网络等）也对新型社会治理模式的形成产生积极影响。他还提出社会资本提高了该地区解决问题的能力、增进了市民社会要求的政府能力的假设，并进行研究。研究结果表明，社区居民、社区领导以及市民教育对社区的合作性治理效果影响很小，但对社区规范、沟通渠道、居民信任等要素均发挥积极作用，尤其是沟通渠道对社区合作治理的形成起着决定性作用。⑤

为了有效地解决问题、收集社区成员的意见、使他们有能充分表达意见的途径，构建合作社区治理的前提之一便是建立共享和交

---

① Morrison N., "Neighbourhood and Social Cohesion: Experiences from Europe", International Planning Studies, Vol. 2, No. 8, 2003.
② 苏镇光：《地方自治和社会资本》，《韩国地方自治学学报》2000 年第 4 期。
③ 苏镇光：《社会资本形成的区域社会发展逻辑》，《地域社会发展》1999 年第 1 期。
④ 陶秀权：《个人社会基本属性与环保意志的关系分析》，《韩国行政学报》2013 年第 3 期。
⑤ 陆奇斌、张强、胡雅萌等：《乡村社区社会资本对农村基层政府灾害治理能力的影响》，《中国农业大学学报（社会科学版）》，2015 年第 4 期。

换信息的社区网络沟通渠道。但是传统上认为影响民主管理的团体参与及活动并没有影响社区管理，市民的社会经济变量也没有影响社区管理。非政治参与形态与政治参与相比，更重要的是社区合作的形成。

冯净冰等研究了社会资本与城市更新事业的关系。[①] 由于政府、居民及其他主体城市更新及管理事业中，个人的私人财产权具有直接反映的特性，因此个人在社会资本中自发参与最高，而互惠性和规范的评价则很低。

三　社会资本与公共服务满意度（Public Service Satisfaction）

（一）居民对公共服务的满意度

居民对公共服务满意度的评价与基于一般排他性所有权形成的市场不同，由于具有非竞争性、非排他性的性质，公共服务在市场上不是由价格和数量所决定的。但政府提供的公共服务质量容易被政治、税收、居民利益冲突等多种非经济因素所左右。[②]

与其用价格和公共服务量来评价公共服务满意度，不如用居民对于实际提供的公共服务评价来测量。本书将公共服务领域分为"经济建设""居住安全""公共交通""福利环境""教育文化""行政服务"等领域，来测定居民对每一相应领域的满意度。为了避免公务员和居民之间的主体性认识差异，对公务员主体单独进行了满意度评价测量。因此，对公共服务满意度评价的主体不仅是居民，还包括政府工作人员。对政府能力的评价主要是为了判断政府能否规范的履行职能，并以此为基础对地方政府政策的制定有益性和执行有效性进行评价。[③] 地方政府对组织内部现状的评价固然重要，但也要对内部组织能力的优缺点进行评价，以促进政府的工作

[①] 冯净冰、章韬、陈钊：《政府引导与市场活力——中国 PPP 项目的社会资本吸纳》，《经济科学》2020 年第 5 期。

[②] 范柏乃，金洁：《公共服务供给对公共服务感知绩效的影响机理——政府形象的中介作用与公众参与的调节效应》，《管理世界》2016 年第 10 期。

[③] 张钢、徐贤春：《地方政府能力的评价与规划——以浙江省 11 个城市为例》，《政治学研究》2005 年第 2 期。

不断完善。①

政府的能力评价主要包括：第一，政策是否落实；第二，通过能力测评确保居民的社会参与度和积极性，并通过公开评价结果来满足居民的知情权；第三，利用评价结果为公共资源的分配提供参考。通过这一点，可以提高地方政府内部组织之间的工作效率，同时提升公务员的工作积极性。通过与其他地方自治团体的力量相比，可以为各地方自治团体的创新发展带来改革动力。公共服务的满意度是公共机关或民间机构来测量居民对公共服务的满意程度，其最终目的是为确认公共服务供给在居民层面的落实程度。

为了测量公共服务的满意度，研究提供公共服务的具体目的就显得尤为重要。② 通过公共机关或民间机构采取必要措施以提供服务的实际效能，来衡量居民满意程度，以满足其需求或要求的效率和有效性为标准。这些服务成果的测量最重要的是服务的有效落实率是多少、结果如何。

对地方政府公共服务的满意度可以用服务的认知度和满意度两个测度来说明。认知度是评价公共服务需求者使用服务的便利度。如获取相关信息的简便性、信访处理方法的多样性等。采用顾客的立场和视角，从方便快捷程度来评价服务的便利性。这是为了评估服务消费者获得他们想要的服务的时间，以及他们是否能够在预期时间内获得想要的服务。③ 例如评估申请和处理民事投诉所需的时间长短，以及负责人员的熟练和准确程度等。

满意度原本是经营学中为了测量顾客满意程度而提出的概念。顾客满意度是指对获得或消费某一特定产品、服务，购买者的整体、主观、评价性的反应。顾客对产品或服务满意的反应是通过购

---

① 李载成：《地方政府力量的实证分析：以忠清南道市郡为中心》，《韩国政策科学学报》2007 年第 3 期。

② 贾婷月，王晓阳，司继春等：《财政支出推动了区域制造业升级吗？——基于基础设施与基本公共服务双重视角的实证检验》，《上海财经大学学报》2021 年第 6 期。

③ 徐家良，赵挺：《政府购买公共服务评估机制研究》，《政治学研究》2013 年第 5 期。

买达到自己预期水平及以上的需求，用户满意可以理解为消费者对使用前后评价的一致性。[①] 地方政府的公共服务可以说是地方政府为了满足居民的需求而采取的行为，地方政府公共服务的成绩是"地方政府通过一定行为活动履行公共服务职能的成绩"，居民满意度可以说是对这些成绩的顾客满意评价。[②]

这些成果的概念具体可以说包含以下内容。

第一，与目的（Objective）相关的概念。即通过地方政府公共服务的提供，实现目的的结果（Outcome）和效果（Performance）相关的概念。结果（Outcom-e）一般是对居民提供服务和服务便利的结果，是对实际发生的描述。效果（Per-formance）可以说是公共服务相关政策落实的最终实效。

第二，居民的需求（Needs）和要求（Required）是与期待的满足相关的概念。地方政府对居民的需求或要求进行一定程度的满足，也是与行政需求的满足程度相关的概念。

第三，目标实现的努力（Effort）或活动相关的概念，可以说是地方政府为实现公共服务目标所进行的努力以及实际取得的成效相关概念。为了了解成果的评价可以分为找出最终结果、了解实现的过程及其方法两种途径，面向需求满足的活动及努力等是过程性的问题，而对积极和负面效果的评价则是了解结果。

如果进一步细分讨论，对公共服务的评价大致可以从三个方面进行。首先，对公共服务的过程评价（Process Evaluation）是为了了解结果如何产出以及将来如何改善，可认为是履行情况评价；其次是结果评价（Outcome Evaluation），评价预期的目标和结果达到了什么程度，通过测定提供该公共服务实际获得的成果来评价实际的有效性，也是指对公共服务的达成程度评价。但该评价是以成果

---

① Oliver, R. L., "Satisfaction: A Behavioral Perspective on The Consumer", New York: McGraw-Hill, 1997.

② 冯蕾，肖震宇，赵曙光：《政府质量工作社会公众满意度调查报告》，中国社会科学出版社 2015 年版。

为基础进行评价的,因此很难准确地评价受惠阶层、社会整体的福利现状或福利的净增加(Net Increase),只能作为履行成果评价的辅助功能。①

最后,效能评价(Performance Evaluation)是指,除却目标成就程度,公共服务的提供使得地区居民的需求满足增加了多少。对公共服务的成果评价以顾客满意度调查的形式进行,居民评价制度就适用于此。公共服务的基本执行过程即从投入到产出的过程,在这里投入(Inputs)意味着为公共服务生产而投入的人力和物力资源等,产出(Outputs)是与生产的产品相同的概念,意味着通过业务活动形成的结果。②

结果(Outcome)这一概念在公共部门被广泛使用,主要指实现其目的的状态或直接或间接对社会及受惠者产生的效果。公共部门的性质与民间部门不同,可具体的、量化的掌握投入所带来的收益是有限度的。

效能(Performance)可以说是以社会受惠者即公共服务享受者为出发点的概念。在公共服务的供给体系中,社会评价是指居民的评价,可以说是政府提供的公共服务或行政服务对社会或受惠者产生积极效果的效果(Outcome)或成果(Performance)的具体测量。在公共服务供给体系中,居民满意度评价将成为生产公共服务所投入资源的最终结果(Performance)或产出结果(Outcome)部分的主要评价指标。

据李成根的研究,在行政服务中居民满足不是从政府的立场,而是在居民在自身的立场上的满足。③ 随着居民在政策制定和政府活动中参与率的不断提高,对这一要素的重视显得更加重要。满足

---

① 赵环,徐选国,杨君:《政府购买社会服务的第三方评估:社会动因、经验反思与路径选择》,《福建论坛(人文社会科学版)》2015年第10期。
② 刘华兴,曹现强:《供给侧改革背景下城市居民生活满意度及影响因素分析——基于山东省公共服务满意度的实证研究》,《东岳论丛》2019年第11期。
③ 李成根:《为有效提供公共服务建立的自治团体间合作空间》,《韩国城市行政学报》2006年第2期。

居民对公共服务质量需求的方式很多，例如提高信访行政服务的质量从而降低信访率，为居民提供更好的服务以获得居民满意。

在公共行政的认识中，居民满意的概念是将普通居民视为顾客，提供符合他们要求和偏好的行政服务。当这种倾向在整个行政过程中持续展开时，最大限度地向居民提供行政服务的相关信息，扩大居民的服务选择权，可以确保符合居民偏好和要求的服务类型，以及到位的服务水平和质量。如此，居民的公共服务满意度不仅是为了满足居民，还通过反映居民的意见来促使提供居民想要的服务，以提高行政过程的民主性，并通过成果导向提高行政内部的效率性。

刘华兴等整理了居民满意的核心概念：第一，满足是根据个人感知的主观状态或服务使用经验而形成的心理状态。第二，满足与规范的合理性相比，是对行政服务对象评价的理想反应。第三，满足是期待或经验的依据。第四，满足在评价方面是综合性、全面性的。第五，满足是指在创造满意物的过程中，随着时间的推移而变化的动态现象。最后，满足可认为是居民对政府要求满足程度的反应。[①]

（二）居民满意的重要性

研究居民对公共服务的满意度具有以下意义。

第一，通过当地居民的评价，提高地方政府对行政的责任意识。通过居民满意度评价而产生结果，会反映在下一年度行政目标的设定上，评价的结果会对该公务员的职级晋升等人事变动产生影响，从此方面使得公务员的工作责任感和积极性得到提高。

第二，了解当地居民对公共服务的需求变化，谋求居民福利的实质性提高。从行政服务的消费者即居民的立场上衡量成果，可以更有效地引导行政机关及其成员的活动。居民满意度评价制度具有

---

① 转引自刘华兴、曹现强《供给侧改革背景下城市居民生活满意度及影响因素分析——基于山东省公共服务满意度的实证研究》，《东岳论丛》2019年第11期。

成果指向性，为建立以消费者为中心的行政体系提供了很多必要的信息。

第三，通过对负责公共服务的各级行政机关和公务员的服务意识改革及政府内部流程再造，确保行政的民主和效率。从公务员的立场上看，居民满意度评价可以准确地掌握居民的需求，由此明确自己应提供的公共服务的目的和目标，增进公务员的工作理解力，从而提高工作的执行能力。[①]

第四，地方政府积极利用居民满意度评价，可以得到当地居民的信任，提高政策支持度。从政策运用的角度来看，通过居民问卷调查的满意度评价，对提高地区居民生活质量、地方政府公共服务的改善方向、政策制定等都起到非常重要的作用。这种类型的居民调查和政策的运用，连接地方政府和地区居民，在公共服务领域起到了更有效、更具活力的参与民主主义（Participatory Democracy）机制（Mechanization）的作用。

（三）社会资本与公共服务满意度的关系

社会资本属于共同体发展的基础设施。这种社会资本的特性与政府行政成效有关，其影响力会涉及地方政府甚至国家的整体水平。首先，社会资本会影响个人的教育、健康以及求职活动等多个领域；通过减少地区内失业率、犯罪和社会矛盾，有助于形成社会共同体的信任；从宏观角度来看，也有助于谋求国家或地区水平的经济增长，减少社会的不平等现象。[②]

Coleman 以 29 个市场经济体制的国家为研究对象，提出社会资本对经济增长具有显著影响；Whiteley 以 34 个国家从 1970 到 1992 年的数据为对象，基于 World Value Survey 的信任指数调查研究，调查并表明社会资本对经济增长会产生影响；Zak 等人的研究则以 37

---

① 夏志强、付亚南：《公共服务的"基本问题"论争》，《社会科学研究》2021 年第 6 期。
② Coleman J. S., "Social Capital in the Creation of Human Capital", American Journal of Sociology (Supplement), Vol. 94, 1988.

个国家为对象分析了信任和经济增长的关联性，报告指出社会资本每上升15%，GDP 会上升1%。

其次，社会资本对政府行政的成功产生影响。Putnam 通过关于社会资本和社区发展的关联性的研究，分析了意大利南北部社会资本和行政机关经济成果的关系，其中对社会资本如何对政府成功产生影响的理论研究占相当一部分，包括公共服务在内的政府各种主观客观层面成果的实证研究也相当多，特别是后者大部分都是针对地方政府的研究。其以意大利为对象的研究从社会资本中寻找了南北地区制度成就（Institutional Performance）产生悬殊及差距的原因，[1] 从而印证了社会资本在主客观层面对政府的成功有着相当的影响。

Uphoff 对第三世界农村发展案例研究的结果表明，结社体活动成为有效的自治政府所需的前提条件。发展中国家的贫困问题不仅是政府运行体制的问题，还包括公民参与和结社体之间的网络影响。[2] 这里地方政府的制度成就大致分为三个层次。第一，具有运行过程和预算过程的有效性，具备有效统计并管理信息的内部管理能力。第二，迅速应对居民的社会需求和创新要求的立法等相关举措的发展。第三，政府作为有效利用可用资源的公共服务提供者的功能的发展。

根据这三个层面，Putnam 开发了 12 个制度成就指标，分别为改革立法件数、立法创新、住宅及城市开发、育儿设施、卫生场所、统计及信息服务、内阁稳定性、官员反应性、产业政策手段、预算的制定能力、预算执行能力、地方财政支出规模。

社会资本还与当地居民的生活质量有关。研究成果表明，社会资本越高越丰富的地区，地区整体发展度越高，地区环境改善越快。在体现社区环境保护等社区共同体的利益方面，社会资本的作

---

[1] Putnam R., "The Prosperous Community: Social Capital and Public Life", The American Prospect, Vol. 13, 1993.

[2] Uphoff N., "Grassrotts Organization and NGO in Rural Development: Opportunities with Diminishing States and Expanding Markets", World Development, Vol. 4, No. 21, 1993.

用很大。社会资本还起到弥补资本主义市场经济衍生出的过度利己主义和竞争问题的作用。如此，在社会资本丰富的地区，对地区发展度和地区环境的期望也很高。①

通过城市社区建设工作，可以提高居民的共同体意识和参与意识。居民感受到对社区的认同感和归属感，社区的信任基础也会相应变得牢固。社会资本还有利于防止社区矛盾、减少犯罪件数，形成相互帮助、相辅相成的社会网络。通常，在社会资本水平较高的地区，都会出现较高的健康指数、低犯罪率以及邻里之间的高信任度。权仲基以首尔市2个区为中心，研究了社会资本和犯罪发生之间的关联性。认为居住时间越长，社区归属感越高；所形成社会网络越紧密，对犯罪的恐惧和意愿就越小。②

---

① 尹斗燮、吴承恩：《社会资本对地方政府外部力量的影响：以城南市为例》，《行政论丛》2005年第1期。
② 吴鹏森，石发勇：《社会资本和社会排斥：刑释人员回归社会的影响因素分析》，《安徽师范大学学报》2014年第5期。

第三章 研究方法

第一节 研究模型及研究假设

本书的主题是分析社会资本对地方政府公共服务的供给能力、居民公共服务需求水平以及居民公共服务的满意度有何影响。社会资本分为信任、参与、规范三个维度，公共服务供给的主体是公职人员，公共服务供给衡量的是公职人员的专业性、问题解决能力、沟通能力、协调整合能力、业务推进能力、宣传能力、道德品质、居民需求导向性等，这些指标决定了公共服务供给能力的质量。居民对公共服务的需求水平是测量居民对易接近性、亲切性、便利性、专业性、业务处理态度、舒适性等公共服务质量方面的需求程度。最后，公共服务满意度衡量的是居民对经济机会、居民安全、居民交通、福利环境和行政服务等公共服务领域的满意度。

在验证社会资本对公共服务供给、需求和满意度的影响关系时，还探讨了济南市与城南市之间、公职人员与居民之间是否存在差异。综上，构建了本文的研究模型，见图3-1。

根据前章的理论分析和以往学者的研究，本书提出了如下假设。基于社会资本理论，可以预测对地方政府公共服务的供给能力、需求水平、满意度产生的积极影响。

假设 H1. 社会资本对公共服务供给能力的影响。

假设 H1.1. 信任对公共服务供给能力产生正向（+）的影响。

```
                    调查对象:
              济南市与城南市的公务员及居民
    ┌─────────────────────────────────────────┐
    │                  社会资本                │
    │          ┌─────────┼─────────┐          │
    │        信任       参与       规范        │
    └─────────────────────────────────────────┘
    ┌─────────────────────────────────────────┐
    │   假设H1         假设H2         假设H3   │
    │ 社会资本对公共服务 社会资本对公共服务 社会资本对公共服务│
    │ 供给能力的影响   需求水平的影响   满意度的影响│
    │                                         │
    │      假设H4              假设H5          │
    │  济南市与城南市比较    公务员和居民比较    │
    └─────────────────────────────────────────┘
```

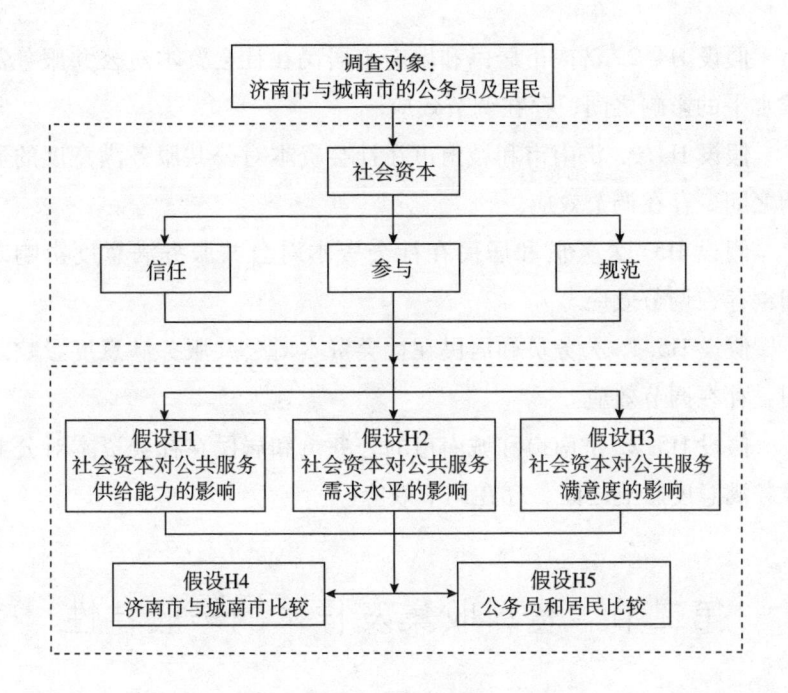

图 3-1　研究模型

假设 H1.2. 参与对公共服务供给能力产生正向（+）的影响。

假设 H1.3. 规范对公共服务供给能力产生正向（+）的影响。

假设 H2. 社会资本对公共服务需求水平的影响。

假设 H2.1. 信任对公共服务需求水平产生正向（+）的影响。

假设 H2.2. 参与对公共服务需求水平产生正向（+）的影响

假设 H2.3. 规范对公共服务需求水平产生正向（+）的影响

假设 H3. 社会资本对公共服务满意度的影响。

假设 H3.1. 信任对公共服务满意度产生正向（+）的影响。

假设 H3.2. 参与对公共服务满意度产生正向（+）的影响。

假设 H3.3. 规范对公共服务满意度产生正向（+）的影响。

假设 H4. 济南市和城南市在社会资本对公共服务供给能力、需求水平及满意度的影响之间，存在调节效应。

假设 H4.1. 济南市公务员和城南市公务员在社会资本对公共服务供给能力的影响之间，存在调节效应。

假设 H4.2. 济南市居民和城南市居民在社会资本对公共服务需求水平的影响之间，存在调节效应。

假设 H4.3. 济南市和城南市在社会资本对公共服务满意度的影响之间，存在调节效应。

假设 H5. 公务员和居民在社会资本对公共服务满意度影响之间，存在调节效应。

假设 H5.1. 公务员和居民在社会资本对公共服务满意度影响之间，存在调节效应。

假设 H5.2. 济南市和城南市的公务员和居民在社会资本对公共服务满意度影响之间，存在调节效应。

第二节　资料收集及样本的一般特性

对公务员的问卷调查，主要是通过向机构负责人充分说明问卷调查的意义和回答问卷的方法，并以公务员自主填写的方式进行回答；对居民的问卷调查是向居民分别说明问卷调查的用途和作答方法，并以居民自主填写的方式进行回答。本书采用分层抽样和随机抽样相结合的方式进行调研。问卷调查时间为 2017 年 9 月 1 日至 10 月 31 日，回答调查问卷的公务员和居民的一般统计学特征见表 3-1 和表 3-2。

表 3-1 和表 3-2 显示了回答问卷的公职人员和居民的一般特征。从公职人员的一般特征来看，在城南市，男性占 51.8%，女性占 48.2%，按年龄分，40—49 岁以及 50—59 岁人数居多，分别占比 36.5% 和 33.6%。教育背景方面，62.8% 为本科学历，16.8% 为大专学历。按地区划分，盆唐区占 62.8%，寿井区占 37.2%。从本地区工作年限来看，分布较为平均，1 年及以下占比 19.1%，1 年以上至 3 年占比 21.3%，3 年以上至 5 年占比 18.4%，5 年以上至 10 年占比 11.8%，10 年以上占比 29.4%。就家庭月平均收入而言，300 万

韩元以上至 500 万韩元占比最大,为 44.4%,其他类别中：200 万韩元及以下占比 5.2%,200 万韩元以上至 300 万韩元占比 26.7%,500 万韩元以上至 700 万韩元占比 20.0%,700 万韩元以上占比 3.7%。

针对济南市的调查问卷中,包括 47.3% 的男性和 52.7% 的女性。从年龄段来看,30—39 岁占比最高,占 39.3%,其次是 20—29 岁,占 28.8%。在教育方面,本科学历占比最高,为 59.5%,其次是大专学历,占比 19.5%。按地区划分,历下区占 47.0%,章丘区占 19.8%,商河县占 33.2%。从本地区工作年限来看,10 年以上占比最高,为 42.7%,其次为 5 年以上至 10 年,占比 20.6%。从家庭平均月收入来看,12000 元以上至 18000 元占比最高,为 53.4%,其次是 12000 元及以下,占比 18.3%,18000 元以上至 30000 元占比 16.3%,30000 元以上至 42000 元占比 8.6%,42000 元以上占比 3.4%。

表 3-1　　　　　　　　　公务员的一般特征

区分	样本特征	城南市 数量（个）	城南市 百分比（%）	济南市 数量（个）	济南市 百分比（%）
性别	男	71	51.8	166	47.3
	女	66	48.2	185	52.7
年龄	20—29 岁	10	7.3	101	28.8
	30—39 岁	29	21.2	138	39.3
	40—49 岁	50	36.5	77	21.9
	50—59 岁	46	33.6	34	9.7
	60 岁及以上	2	1.5	1	0.3
学历	初中及以下	0	0.0	3	0.9
	高中（中专、技校）	17	12.4	40	11.5
	大专	23	16.8	68	19.5
	本科	86	62.8	207	59.5
	研究生及以上	11	8	30	8.6

续表

区分	样本特征	城南市 数量（个）	城南市 百分比（%）	济南市 数量（个）	济南市 百分比（%）
任职地区	盆唐区/历下区	86	62.8	164	47
	寿井区/章丘区	51	37.2	69	19.8
	商河县			116	33.2
任职时间	1年及以下	26	19.1	24	6.9
	1年以上至3年	29	21.3	61	17.5
	3年以上至5年	25	18.4	43	12.3
	5年以上至10年	16	11.8	72	20.6
	10年以上	40	29.4	149	42.7
家庭月平均收入	12000元（人民币）及以下/200万（韩元）及以下	7	5.2	64	18.3
	12000元以上至18000元（人民币）/200万以上至300万（韩元）	36	26.7	187	53.4
	18000元以上至30000元（人民币）/300万以上至500万（韩元）	60	44.4	57	16.3
	30000元以上至42000元（人民币）/500万以上至700万（韩元）	27	20	30	8.6
	42000元（人民币）以上/700万（韩元）以上	5	3.7	12	3.4

从居民的情况看（见表3-2），在城南市，男性占55.2%，女性占44.8%。按年龄划分，60岁及以上最多，占26.8%；50—59岁占21.0%；其次是20—29岁，占19.7%。大专及以上学历占79.1%，其中大专占比7.1%，本科占比42.5%，研究生及以上占比29.5%。按地区划分，盆唐区为49.7%，寿井区为50.3%。按居住年限划分，10年以上占45.5%，5年以上至10年18.2%，3年以上至5年15.6%，1年以上至3年和1年及以下均占10.4%。从家庭月均收入来看，300万韩元以上至500万韩元占比最多，为

30.0%；其次是 200 万韩元以上至 300 万韩元，占 22.8%；700 万韩元以上占 21.2%。按职业分，排前三位的是公司职员、学生及其他专职人员，分别占比 30.8%、19.5% 和 14.9%。

表 3-2　　　　　　　　居民的一般性特征

区分	样本特征	城南市 数量（个）	城南市 百分比（%）	济南市 数量（个）	济南市 百分比（%）
性别	男	171	55.2	186	49.6
	女	139	44.8	189	50.4
年龄	20—29 岁	61	19.7	108	28.8
	30—39 岁	46	14.8	126	33.6
	40—49 岁	55	17.7	82	21.9
	50—59 岁	65	21	50	13.3
	60 岁及以上	83	26.8	9	2.4
学历	初中及以下	2	0.6	59	15.9
	高中（中专、技校）	62	20.1	102	27.5
	大专	22	7.1	83	22.4
	本科	131	42.5	96	25.9
	研究生及以上	91	29.5	31	8.4
居住地区	盆唐区/历下区	154	49.7	154	41.1
	寿井区/章丘区	156	50.3	110	29.3
	商河县			111	29.6
居住期间	1 年及以下	32	10.4	10	2.7
	1 年以上至 3 年	32	10.4	24	6.5
	3 年以上至 5 年	48	15.6	38	10.4
	5 年以上至 10 年	56	18.2	57	15.5
	10 年以上	140	45.5	238	64.9
家庭月平均收入	12000 元（人民币）及以下/200 万（韩元）及以下	25	8.1	114	30.6
	12000 元以上至 18000 元（人民币）/200 万以上至 300 万（韩元）	70	22.8	137	36.7

续表

区分	样本特征	城南市 数量（个）	城南市 百分比（%）	济南市 数量（个）	济南市 百分比（%）
家庭月平均收入	18000元以上至30000元（人民币）/300万以上至500万（韩元）	92	30.0	53	14.2
	30000元以上至42000元（人民币）/500万以上至700万（韩元）	55	17.9	20	5.4
	42000元（人民币）以上/700万（韩元）以上	65	21.2	49	13.1
职业	公务员	10	3.2	28	7.5
	公司职员	95	30.8	153	41.2
	专职人员（医生、律师、教师）	46	14.9	36	9.7
	个体业	38	12.3	72	19.4
	农牧业	22	7.1	27	7.3
	家庭主妇	37	12.0	27	7.3
	学生及其他	60	19.5	28	7.5

  针对济南市的问卷调查显示，从性别来看，男性占49.6%，女性占50.4%；按年龄分，30—39岁最多，占33.6%，其次是20—29岁，占28.8%，40—49岁，占21.9%，此为占比前三位的数据。在教育方面，高中毕业生占比最高，为27.5%，其次是本科毕业生，占25.9%，大专毕业生占22.4%。从居住地区来看，历下区占41.1%、章丘区占29.3%、商河县占29.6%；居住期间10年以上占64.9%、5年以上至10年占15.5%、3年以上至5年占10.4%，1—3年和1年及以下占比较低，分别为6.5%和2.7%。就家庭平均月收入而言，12000元以上至18000元占比最高，为36.7%，12000元及以下次之，占比30.6%。从职业来看，公司职员最多，为41.2%，其次是个体，占比19.4%，专职人员（律师、医生、教

师）占比 9.7%，学生及其他占比 7.5%，农牧业和家庭主妇均占比 7.3%。

需要注意的是，问卷调查对象的社会、人口学特征会影响社会资本的存量多少，因此本研究将性别、年龄、学历、地区、负责时间/居住时间、家庭月平均收入以及职业作为控制变量。

第三节　变量的操作性定义及调查问卷的构成

一　变量的操作性定义

社会资本作为自变量，公务员公共服务供给能力、居民公共服务需求水平、居民公共服务满意度作为因变量，性别、年龄、学历、地区、期间、月收入、职业等人口统计变量作为控制变量。

（一）社会资本

社会资本是由个人与组织形成的社会关系网络所积累的社会资源，它可以分维度进行测量。在本研究中，选取了社会资本构成要素中的信任、参与、规范等3个测量指标进行了问卷设计，并根据"社会资本对老年人终身教育意愿研究[①]"对问卷设计进行了修改和补充。

1. 信任

信任包括个人信任和系统信任。在社会资本中，对信任要素的测量不仅仅是针对家人或熟人关系的信任，还包括社会信任、对公共机关或地方政府的信任。

根据以往的研究，在测量信任维度时，对个人的信任使用"我/你信任XX"的表达方式。对地方政府或民间团体的信任，使

---

① 李政馥：《老年教育跨学科研究的必要性：区域自治和老年教育之间的联系》，《韩国地域社会福祉学会》2015年第53期。

用"民众信任公务员或地方政府"的表达方式。本研究也参照这种基本方式进行了问卷调查，测量信任的问题共有 6 个，采用李克特量表进行测量，范围从"1＝完全不信任"到"5＝非常信任"，分数越高，表示信任水平就越高。

2. 参与

参与是指民众对公共事务所采取的共同参与行为。在 Putnam 和 Coleman 的研究中，参与是社会资本的重要组成部分，并且在随后成为测量社会资本的主要指标。民众参与并不仅仅体现为政治参与，民众对于周边日常事务的参与对于社会资本的积累更具有意义。曼瑟尔·奥尔森的"小集团"的理论认为："小集团"更容易激发民众的公共参与热情，这是因为在"小集团"之间，民众更容易看到属于自己的利益，也更容易表达自己的观点，也更容易形成"小集团"的集体行动。[①] 本书涉及参与的问卷问题共有 6 个，并以李克特量表为尺度对其进行测定，从"1＝完全不参与"到"5＝完全参与"，分数越高，表示参与水平就越高。

3. 规范

社会资本规范可以分为互惠性规范和社会性规范。如果说互惠性规范是指当事人对他人给予善意并能够得到回报的期待，那么社会性规范则是通过制裁或内在化的个人规范来控制个人的越轨行为，进而起到强化团结的作用。本研究对规范的测量问题共有 7 个，采用从"1＝完全不规范"到"5＝非常规范"的李克特量表进行测量，分数越高，表明规范水平越高。

（二）公共服务供给能力

公共服务供给能力测度工具参照李载成对忠清南道市郡公共机关能力的实证分析研究。李载成将公共服务能力分为人力能力和物质能力，人力能力又进而细分为工作能力、意志和态度，物质能力分为财政能力、程序能力、信息化能力。工作能力的维度设定为专

[①] 曼瑟尔·奥尔森：《集体行动的逻辑》，陈郁等译，上海人民出版社 1995 年版。

业性、解决问题能力、沟通能力、协调整合能力、资源确保能力、工作推进力、宣传能力、领导能力；意志和态度的维度设定为道德性、创新倾向、居民需求导向性。①

基于本文根据研究目的，在人力能力维度中，选择专业性、解决问题能力、沟通能力、调节整合能力、工作推进力，意志和态度中选择道德性、居民需求导向性等7个维度。以李克特量表作为量表，从"1=一点也不"到"5=非常"进行测定，将各变量对应的问卷平均值作为测量值，分数越高，说明公共服务供给能力就越强。

（三）公共服务需求水平

公共服务需求水平的测量主要参照金英午②学者的相关研究，从易接近性、亲切性、便利性、专业性、业务处理态度、舒适性等6个维度衡量居民的公共服务需求水平。易接近性是指民众享受符合自己需求的公共服务的难易程度。亲切性是指服务过程中公职人员对居民的友好态度。便利性公共服务体系所提供的基本公共服务能否满足民众方便利用、使用的要求。③ 专业性是指公共服务机构提供的服务能力能否满足民众的期待。业务处理态度是指服务过程中公职人员处理问题的公正、迅速准确、熟练程度和责任心。舒适性是指居民在接受公共服务过程中的体验感。使用李克特量表，从"1=完全不需要"到"5=非常需要"进行测定，以各构成概念对应的问卷的平均值为测量值。分数越高，表示居民对公共服务的要求水平越高。

（四）公共服务满意度

公共服务满意度的测量指标主要参照崔洪奎的公共服务满意度对政府信任及移居意愿影响的研究，并根据本研究目的进行了修正和完善。崔洪奎将公共服务满意度测量领域分为经济机会、居民安

---

① 李载成：《地方政府力量的实证分析：以忠清南道市郡为中心》，《韩国政策科学学报》2007年第3期。

② 金英午：《地方政府公共服务的居民满意度评价：以大邱广域市为中心》，博士学位论文，庆北大学，2006年。

③ 金明焕、朴基关：《关于增进韩国区域社会的社会资本研究》，《韩国政治学报》2001年第4期。

全、居住交通、福利环境、教育文化、行政服务等六个维度,并以对每个维度的满意度来衡量公共服务满意度。[1]

经济机会维度选取了苏镇光研究中使用的测量工具,[2] 居住交通领域、福利环境领域、教育文化领域、行政服务使用了崔俊浩等研究中使用的测量工具。[3] 并采用李克特量表,从"1=非常不满意"到"5=非常满意"进行测定,以各构成概念对应的问卷的平均值为测量值。分值越高,表明居民对公共服务的满意度越高。

二 调查问卷的构成

本书的问卷设计如下:包括人口统计变量、社会资本、公共服务供给能力、居民公共服务需求水平、公共服务满意度,共100个问题构成,皆采用李克特量表进行测定。

表3-3　　　　　　　　　　调查问卷的构成

变量	研究对象	维度	问项数量
人口统计变量	公务员、居民	性别、年龄、学历、地区任职时间/居住时间、家庭月平均收入、职业	7
社会资本	公务员、居民	信任	9
		参与	6
		规范	6
公共服务供给能力	公务员	专门性	3
		解决问题能力	3
		沟通能力	2
		调整、整合能力	3
		业务推进力	2
		道德品质	5
		居民需求导向性	3

---

[1] 崔洪奎:《公共服务满意度、政府信心对搬迁意愿的影响》,博士学位论文,首尔大学,2008年。
[2] 苏镇光:《社会资本指标体系研究》,《韩国地域开发学》2004年第1期。
[3] 崔俊浩、李焕范、宋建燮:《广域城市附近中小城市居民之间相互迁移的影响因素评价》,《韩国行政学报》2003年第1期。

续表

变量	研究对象	维度	问项数量
公共服务需求水平	居民	易接近性	4
		亲切性	3
		便利性	3
		专门性	3
		业务处理态度	5
		舒适性	2
公共服务满意度	公务员、居民	经济机会	4
		居民安全	4
		居住交通	4
		福利环境	4
		教育文化	4
		行政服务	6

第四节 数据处理及分析

本书在设计问卷并调查后,为更好的验证假设,对数据进行了处理。所使用的分析软件是 SPSS18.0,并对于部分不恰当的数据进行了排除,具体的统计方法如下。

第一,为了分析测量工具的信度和效度,进行了探索性因子分析(Explorato-ry Factor Analysis),使用内部一致性系数(Cronbach's α)检验量表的内部一致性信度。

第二,为了验证济南市和城南市之间、公务员和居民之间是否存在差异,进行了 T 检验。通过 T 检验验证分析了济南市与城南市的社会资本、政府公务员公共服务供给能力、居民公共服务需求水平、公共服务满意度的基本状况,以及两市之间存在的有效差异等。

第三,为了分析社会资本对公共服务供给能力、居民公共服务需求水平以及公共服务满意度的作用机制，进行了回归分析（Regression Analysis）。

第四，为了验证济南市和城南市的调节效应、公务员和居民的调节效应，采用了 Baron 和 kenny 提出的层次回归分析法（Hierarchical Regression Analysis）。

第四章 分析结果及假设验证

第一节 测量工具的信度和效度分析

为了分析各个变量的信度和效度,本文将进行探索性因子分析,并求出 Cronbach's α 的值,了解其内在一致性。并在进行因素分析时,因子载荷量采用了主成分分析方法,旋转因子载荷采用了 Varimax 方式。不恰当的问卷排除标准为因子载荷量 0.5/0.4。

一 社会资本测量工具的信度和效度分析

本节为分析社会资本的信度和效度,进行了探索性因子分析并获得 Cronbach's α 值结果(见表 4-1)。分析结果显示,参与中的"职业团体参与"是不满足因子载荷量的标准的,所以排除在分析之外。维度 1 是"信任",维度 2 是"参与",维度 3 是"规范",各问项的因子载荷量都在 0.5 以上,各维度的特征值都在 1.0 以上,3 个维度的累计贡献率为 51.317%,超过 50.0%,说明社会资本测量工具的信度和效度良好。社会资本构成概念的 Cronbach's α 值均为 0.7 以上,说明测量工具的内在一致性(Internal Consistence)也表现为良好。

表 4-1　　社会资本的信度和效度分析

构成维度	问项	因子载荷量	特征值	贡献率	累计贡献率	Cronbach's α
信任	对家庭的信任程度	0.647	3.810	18.144	18.144	0.833
	对邻居的信任程度	0.569				
	对朋友的信任程度	0.693				
	对亲戚的信任程度	0.600				
	对周边商户（与其进行买卖、签约等）的信任程度	0.557				
	对政府的信任程度	0.766				
	对社会组织（包括社会福利机构）的信任程度	0.830				
	对国家工作人员的信任程度	0.816				
	对国际组织的信任程度	0.709				
参与	是否有参与当地举办的庆典、音乐会、体育比赛等文体活动	0.706	3.438	16.371	34.515	0.815
	是否有参与政府或相关机构组织的讨论会、听证会、商谈会、座谈会（以解决社会问题为目的），或提出过个人意见、建议	0.720				
	是否有参与公益组织或志愿服务活动	0.706				
	是否有参与老乡、同学、战友等联谊会	0.696				
	是否有参与各种兴趣组织（体育、艺术、音乐等）	0.737				

续表

构成维度	问项	因子载荷量	特征值	贡献率	累计贡献率	Cronbach's α
规范	是否遵守社会规范和规则	0.766	3.308	15.802	51.317	0.713
	看到违法行为是否会向警察举报	0.830				
	觉得您所在地区的居民是否守法	0.569				
	觉得我们国家的社会道德规范是否已经形成	0.693				
	是否会尽可能的不给别人添麻烦	0.600				
	现在帮助有困难的人,您是否相信以后您有困难时别人也会帮助您	0.706				

二 公共服务供给能力测量工具的信度和效度分析

在公共服务供给能力的信度、效度分析中,道德品质中的"法规认知"不满足因子载荷量的标准,因此被排除在外。分析结果(见表4-2)显示,根据排序,维度1是"居民需求导向性",维度2是"专业性",维度3是"调整、整合",维度4是"问题解决能力",维度5是"道德品质",维度6是"沟通能力",维度7是"宣传能力",维度8是"业务推进力"。各问项的因子载荷量均在0.5以上;各维度对应的特征值均在1.0以上,8个维度累计贡献率为82.340%,超过了50.0%,说明公共服务供给能力测定工具的信度和效度是良好的。公共服务供给能力的Cronbach's α值均为0.7以上,说明测量工具的内在一致性也表现良好。

表 4-2　　公共服务供给能力的信度和效度分析

构成维度	问项	因子载荷量	特征值	贡献率	累计贡献率	Cronbach's α
专业性	是否熟练掌握工作所需要的信息通信技术	0.779	2.732	13.009	26.246	0.869
	是否熟练掌握工作所需要的专业知识	0.799				
	是否熟练处理相关工作业务	0.780				
问题解决能力	能否快速应对居民提出的问题	0.714	2.441	11.625	50.004	0.892
	能否快速理解力居民提出的问题	0.758				
	能否熟练解决居民提出的问题	0.702				
沟通能力	能否积极听取居民的意见或建议	0.664	1.654	7.874	68.388	0.837
	能否努力用通俗易懂的用语为居民服务	0.731				
调整、整合	能否事先预防问题当事人之间的纠纷	0.769	2.548	12.133	38.378	0.859
	能否积极对问题当事人进行说服	0.733				
	能否积极引导问题当事人之间进行协调	0.659				
业务推进能力	能否在规定的时间内完成相关业务工作	0.607	1.280	6.095	82.340	0.779
	是否有促进业务工作的有效措施	0.654				
宣传能力	能否积极向居民宣传政府行政服务的相关政策	0.750	1.650	7.856	76.244	0.806
	能否听取各种舆论意见	0.638				

续表

构成维度	问项	因子载荷量	特征值	贡献率	累计贡献率	Cronbach's α
道德品质	能否公正的处理相关的业务工作	0.754	2.207	10.510	60.514	0.857
	能否透明的处理相关的业务工作	0.770				
居民需求导向性	能否正确的掌握居民的需求	0.784	2.780	13.237	13.237	0.873
	能否快速应对居民提出的服务	0.724				
	您能否灵活应对或采用居民的反馈意见	0.627				

三 公共服务需求水平测定工具的信度和效度分析

在公共服务需求的信度和效度分析中,易接近性维度中的"电话窗口咨询"由于不满足因子载荷量标准,所以被排除在外(见表4-3)。根据排序,维度1是"业务处理态度",维度2是"亲切性",维度3是"便利性",维度4是"专业性",维度5是"易接近性",维度6是"舒适性"。各问项的因子载荷量均在0.5以上;各维度对应的特征值均在1.0以上,6个维度的累计贡献率为79.183%,超过了50.0%,说明公共服务需求测量工具的信度和效度是良好的。公共服务需求的Cronbach's α值均为0.7以上,说明测量工具的内在一致性(Internal Consistence)也表现为良好。

表4-3　　　　公共服务需求水平的信度和效度分析

构成维度	问项	因子载荷量	特征值	贡献率	累计贡献率	Cronbach's α
易接近性	希望政务服务相关业务窗口更容易找到	0.774	2.219	11.093	70.702	0.841
	希望更容易获得政务服务业务办理的相关信息	0.803				
	希望在办理政务服务业务的时候与工作人员的面谈更舒服	0.550				

续表

构成维度	问项	因子载荷量	特征值	贡献率	累计贡献率	Cronbach's α
亲切性	希望负责政务服务相关业务的工作人员更认真地听取我的需求	0.735	3.087	15.433	34.260	0.876
	电话通话的时候希望工作人员更注重通话礼仪	0.706				
	希望工作人员使用的服务用语更简单明了	0.533				
便利性	希望在政务服务场所办理相关业务的时候可以使用到电脑、传真、复印机等便利设施	0.686	2.618	13.090	47.350	0.839
	希望在夜间和休息日能更方便的申请办理相关业务	0.803				
	希望填写业务申请表格时程序更简单	0.601				
专业性	希望工作人员对政务服务规章制度的认知程度更高	0.750	2.452	12.259	59.608	0.904
	希望工作人员熟练掌握业务所需要的专业知识	0.695				
	希望工作人员熟练处理相关业务	0.616				
业务处理态度	希望工作人员公正处理相关业务	0.585	3.765	18.827	18.827	0.909
	希望工作人员快速处理相关业务	0.713				
	希望工作人员在规定的时间内完成相关业务	0.716				
	希望在发生行政工作失误时，工作人员更努力改正自己错误	0.794				
	希望申请办理业务工作时的程序能更简单	0.673				

续表

构成维度	问项	因子载荷量	特征值	贡献率	累计贡献率	Cronbach's α
舒适性	希望业务申请办理场所的便利设施更完善	0.617	1.696	8.482	79.183	0.820
	希望休息室、厕所等设施更干净	0.817				

四 公共服务满足度测量工具的信度和效度分析

公共服务满意度的信度和效度分析结果（见表4-4）显示，根据排序，维度1是"政务服务"，维度2是"经济机会"，维度3是"居民安全"，维度4是"福利与环境"，维度5是"居住交通"，维度6是"教育文化"。各问项的因子载荷量均在0.5以上，各要素对应的特征值均在1.0以上，6个维度的累计贡献率为69.406%，超过了50.0%，说明公共服务满意度测量工具的信度和效度是良好的。公共服务满意度的Cronbach's α值均为0.7以上，说明了测量工具的内在一致性（Internal Consistence）也表现为良好。

表4-4　　　　　公共服务满足度的信度和效度分析

构成维度	问项	因子载荷量	特征值	贡献率	累计贡献率	Cronbach's α
政务服务	认为工作人员在处理相关业务时，能否和居民平等交流	0.771	4.506	17.330	17.330	0.923
	认为工作人员是否能亲切友好地处理相关政务服务	0.818				
	在申请政务服务的时候，处理相关事项的场所是否舒适、方便	0.765				
	认为负责相关政务服务的工作人员是否熟悉自己所承担的业务	0.808				

续表

构成维度	问项	因子载荷量	特征值	贡献率	累计贡献率	Cronbach's α
政务服务	认为负责相关政务服务的工作人员业务处理态度是否恰当	0.840	4.506	17.330	17.330	0.923
	对政务服务场所基础设施是否满意	0.731				
经济机会	对您居住地区的雇佣现状是否满意	0.687	2.990	11.500	28.831	0.846
	对您居住地区的物价管理水平是否满意	0.790				
	认为您居住地区的税务负担是否合理	0.771				
	对您居住地区的产业扶持政策是否满意	0.724				
居民安全	认为您居住地区维持治安的警力规模是否合理	0.691	2.968	11.415	40.246	0.864
	认为您居住地区是否安全	0.773				
	认为您居住地区自然灾害安全防范的措施是否妥善	0.754				
	认为您居住地区火灾防范的措施是否妥善	0.745				
居住交通	对您居住地区的居住环境和居住服务设施是否满意	0.652	2.385	9.173	60.598	0.805
	对您居住地区的道路和交通指示牌等交通基础设施是否满意	0.708				
	对您居住地区的停车条件是否满意	0.598				
	对您居住地区的公共交通服务是否满意	0.688				

续表

构成维度	问项	因子载荷量	特征值	贡献率	累计贡献率	Cronbach's α
福利与环境	对您居住地区的健康保健所等公共医疗服务是否满意	0.647	2.907	11.179	51.425	0.836
	对您居住地区的福利政策（残疾人、低收群体支援、儿童、老人福利援助）及成果是否满意	0.742				
	认为您居住地区的大气、水质、噪音等问题的管理是否妥善	0.710				
	对您居住地区垃圾的有效处理及回收是否满意	0.666				
教育文化	对您居住地区的学校和幼儿园等教育条件是否满意	0.509	2.290	8.809	69.406	0.833
	对您居住地区的小学、初中、高中的教育水平是否满意	0.556				
	对您居住地区的图书馆、剧院、博物馆、展览馆、演出场地等文化设施供给状况是否满意	0.792				
	对您居住地区举办的文艺演出、体育比赛等活动的开展情况是否满意	0.734				

第二节 T检验

一 济南市和城南市公务员和居民间的社会资本差异

为验证中韩公共服务供给者与居民之间的社会资本差异，进行了T检验。从济南市和城南市的整体来看，在信任维度方面，公务员平均值为3.75，居民平均值为3.59；参与维度方面，公务员平均值为 3.18，居民平均值为 3.04，在信任和参与维度方面，公务员与居民相比有显著的差异。而在规范维度方面，是没有显著差异的。

济南市社会资本中的参与维度，公务员平均值为 3.32，居民平均值为 3.14，公务员比居民有显著差异，但信任维度和规范维度没有显著差异。城南市在信任维度方面，公务员平均值为 3.56，居民平均值为 3.39，公务员高于居民，但在参与维度和规范维度上没有显著差异。这种差异产生的原因可能在于济南市和城南市的行政制度运行上存在区别。济南市居民的公共参与尚有提高空间，而城南市居民对地方公共服务的期待和实际公共服务的供给之间还存在差距。

表 4-5　济南市、城南市公务员和居民间的社会资本差异

	维度	研究对象	平均值	标准偏差	t 值	p 值
城南市	信任	公务员	3.56	0.53	3.131	0.002**
		居民	3.39	0.54		
	参与	公务员	2.81	0.69	-1.298	0.195
		居民	2.92	0.83		
	规范	公务员	3.53	0.44	-1.501	0.134
		居民	3.60	0.51		
济南市	信任	公务员	3.82	0.55	1.526	0.127
		居民	3.76	0.51		
	参与	公务员	3.32	0.71	3.399	0.001***
		居民	3.14	0.75		
	规范	公务员	3.96	0.55	0.505	0.614
		居民	3.94	0.47		
全体	信任	公务员	3.75	0.55	4.708	0.000***
		居民	3.59	0.55		
	参与	公务员	3.18	0.74	3.093	0.002**
		居民	3.04	0.79		
	规范	公务员	3.84	0.56	1.597	0.111
		居民	3.79	0.51		

注：* 表示 $p<0.05$，** 表示 $p<0.01$，*** 表示 $p<0.001$。

二 济南市和城南市公务员的公共服务供给能力和社会资本差异

根据研究对象的测量变量,用T检验来探究城南市公务员和济南市公务员之间是否有显著性差异的问题。在社会资本方面,济南市公务员平均值为3.74,城南市公务员平均值为3.36,t=-8.328(p<0.001),存在显著差异,且济南市公务员的社会资本较高。在社会资本的各个维度中,在信任方面,济南市公务员平均值为3.82,城南市公务员平均值为3.56,t=-4.689(p<0.001);参与方面,济南市公务员平均值为3.32,城南市公务员平均值为2.81,t=-7.136(p<0.001);在规范方面,济南市公务员平均值为3.96,城南市公务员平均值为3.53,t=-8.150(p<0.001),以上均表明济南市公务员和城南市公务员之间具有显著性差异。

表4-6 济南市、城南市公务员社会资本和供给能力的差异

	维度	研究对象	平均值	标准偏差	t值	p值
社会资本	信任	城南市	3.56	0.53	-4.689	0.000***
		济南市	3.82	0.55		
	参与	城南市	2.81	0.69	-7.136	0.000***
		济南市	3.32	0.71		
	规范	城南市	3.53	0.44	-8.150	0.000***
		济南市	3.96	0.55		
	整体	城南市	3.36	0.44	-8.328	0.000***
		济南市	3.74	0.45		
公共服务供给能力	专业性	城南市	3.52	0.57	-8.513	0.000***
		济南市	4.00	0.56		
	解决问题能力	城南市	3.58	0.62	-3.518	0.000***
		济南市	3.80	0.61		
	沟通力	城南市	3.70	0.62	-4.620	0.000***
		济南市	4.00	0.65		
	调整、整合	城南市	3.53	0.61	-4.015	0.000***
		济南市	3.78	0.62		

续表

	维度	研究对象	平均值	标准偏差	t 值	p 值
公共服务供给能力	业务推进力	城南市	3.73	0.66	-3.176	0.002**
		济南市	3.93	0.61		
	宣传能力	城南市	3.52	0.56	-5.389	0.000***
		济南市	3.86	0.65		
	道德品质	城南市	3.81	0.62	-3.574	0.000***
		济南市	4.04	0.65		
	居民需求导向性	城南市	3.63	0.64	-3.250	0.001***
		济南市	3.83	0.59		
	整体	城南市	3.61	0.50	-5.500	0.000***
		济南市	3.89	0.51		

注：*表示 $p<0.05$，**表示 $p<0.01$，***表示 $p<0.001$。

在公共服务供给能力方面，济南市公务员平均值为3.89，城南市公务员平均值为3.61，t=-5.500（$p<0.001$），表明济南市公务员和城南市公务员具有显著性差异；公共服务供给能力的各个维度中，专业性上济南市公务员平均值为4.00，城南市公务员平均值为3.52，t=-8.513（$p<0.001$）；在解决问题能力上，济南市公务员平均值为3.80，城南市公务员平均值为3.58，t=-3.518（$p<0.001$）；在沟通方面，济南市公务员平均值为4.00，城南市公务员平均值为3.70，t=-4.620（$p<0.001$）；在调整、整合方面，济南市公务员平均值为3.78，城南市公务员平均值为3.53，t=-4.015（$p<0.001$）；在工作推进力方面，济南市公务员平均值为3.93，城南市公务员平均值为3.73，t=-3.176（$p<0.01$）；宣传能力方面，济南市公务员平均值为3.86，城南市公务员平均值为3.52，t=-5.389（$p<0.001$）；道德品质方面，济南市公务员平均值为4.04，城南市公务员平均值为3.81，t=-3.574（$p<0.001$）；居民需求导向性方面，济南市公务员平均值为3.83，城南市公务员平均值为3.63，t=-3.250（$p<0.001$），以上均表明济南市公务员显著高于城南市公务员。

三 济南市和城南市居民公共服务需求水平和社会资本差异

用T检验来探究城南市居民、济南市居民在公共服务需求方面是否存在显著的差异。检验结果说明（见表4-7），城南市居民与济南市居民之间存在显著差异。在整个社会资本中，济南市居民平均值为3.66，城南市居民平均值为3.34，t=-9.747（p<0.001），济南市居民和城南市居民具有显著差异。社会资本的各个维度中，在信任方面，济南市居民平均值为3.76，城南市居民平均值为3.39，t=-9.201（p<0.001）；在参与方面，济南市居民平均值为3.14，城南市居民平均值为2.92，t=-3.621（p<0.001）；在规范方面，济南市居民平均值为3.94，城南市居民平均值为3.60，t=-9.029（p<0.001），均表明济南市居民显著高于城南市居民（见表4-7）。

表4-7 济南市、城南市居民社会资本和需求水平的差异

	维度	研究对象	平均值	标准偏差	t值	p值
社会资本	信任	城南市	3.39	0.54	-9.201	0.000***
		济南市	3.76	0.51		
	参与	城南市	2.92	0.83	-3.621	0.000***
		济南市	3.14	0.75		
	规范	城南市	3.60	0.51	-9.029	0.000***
		济南市	3.94	0.47		
	整体	城南市	3.34	0.47	-9.747	0.000***
		济南市	3.66	0.39		
公共服务需求水平	易接近性	城南市	3.70	0.71	-9.911	0.000***
		济南市	4.21	0.64		
	亲切性	城南市	3.70	0.82	-9.876	0.000***
		济南市	4.25	0.61		
	便利性	城南市	3.83	0.78	-6.392	0.000***
		济南市	4.18	0.67		
	专业性	城南市	3.86	0.78	-7.341	0.000***
		济南市	4.27	0.66		

续表

	维度	研究对象	平均值	标准偏差	t 值	p 值
公共服务需求水平	业务处理态度	城南市	3.97	0.75	-6.952	0.000***
		济南市	4.33	0.59		
	舒适性	城南市	3.77	0.93	-7.694	0.000***
		济南市	4.25	0.71		
	整体	城南市	3.82	0.66	-9.643	0.000***
		济南市	4.26	0.53		

注：*表示 $p<0.05$，**表示 $p<0.01$，***表示 $p<0.001$。

在公共服务需求水平整体上，济南市居民平均值为4.26，城南市居民平均值为3.82，t=-9.643（$p<0.001$），济南市居民显著高于城南市居民。在公共服务需求水平各个维度中，易接近性方面，济南市居民平均值为4.21，城南市居民平均值为3.70，t=-9.911（$p<0.001$）；在亲切性方面，济南市居民平均值为4.25，城南市居民平均值为3.70，t=-9.876（$p<0.001$）；在便利性方面，济南市居民平均值为4.18，城南市居民平均值为3.83，t=-6.392（$p<0.001$）；在专业性方面，济南市居民平均值为4.27，城南市居民平均值为3.86，t=-7.341（$p<0.001$）；在业务处理态度上，济南市居民4.33，城南市居民平均值为3.97，t=-6.952（$p<0.001$）；在舒适性方面，济南市居民平均值为4.25，城南市居民平均值为3.77，t=-7.694（$p<0.001$），均表明济南市居民对于公共服务的需求显著高于城南市居民。

四 济南市和城南市公共服务满意度和社会资本差异

为了验证济南市和城南市的社会资本和公共服务满意度方面是否有显著差异，进行了 T 检验。分析结果显示（见表4-8），在整个社会资本中，城南市平均值为3.35，济南市平均值为3.70，t=-13.379（$p<0.001$），济南市的显著性差异水平高于城南市。从各个维度来看，在信任维度上，城南市平均值为3.44，济南市平均值为3.79，t=-10.756（$p<0.001$）；参与维度上，城南市平均值为2.88，济南

市平均值为 3.23，t=-7.467（p<0.001）；在规范维度上，城南市平均值为 3.58，济南市平均值为 3.95，t=-12.212（p<0.001），济南市的社会资本水平显著高于城南市。

在公共服务满意度上，城南市平均值为 3.16，济南市平均值为 3.31，t=-4.747（p<0.001），济南市高于城南市。在公共服务满意度各个维度中，经济机会方面，城南市平均值为 3.04，济南市平均值为 3.28，t=-5.870（P<0.001）；居民安全方面，城南市平均值为 3.24，济南市平均值为 3.53，t=-7.187（p<0.001）；教育环境方面，城南市平均值为 3.20，济南市平均值为 3.38，t=-4.235（p<0.001）；政务服务方面，城南市平均值为 3.31，济南市平均值为 3.54，t=-4.693（p<0.001），济南市高于城南市。但在福利环境方面，城南市平均值为 3.29，济南市平均值为 3.20，t=2.201（p<0.05），城南市高于济南市；在居住交通方面，济南市和城南市之间没有显著差异。上述存在的差异可能源于接受给定的现实满意度和期待值间的认知度差异，如果对公共服务的期待值更高的话，问卷回答可能会出现消极的结果，也很有可能会出现顺从性的回答。

表 4-8　济南市、城南市社会资本和公共服务满意度的差异

	维度	研究对象	平均值	标准偏差	t 值	p 值
社会资本	信任	城南市	3.44	0.54	-10.756	0.000***
		济南市	3.79	0.53		
	参与	城南市	2.88	0.79	-7.467	0.000***
		济南市	3.23	0.74		
	规范	城南市	3.58	0.49	-12.212	0.000***
		济南市	3.95	0.51		
	整体	城南市	3.35	0.46	-13.379	0.000***
		济南市	3.70	0.42		

续表

	维度	研究对象	平均值	标准偏差	t 值	p 值
公共服务满意度	经济机会	城南市	3.04	0.62	-5.870	0.000***
		济南市	3.28	0.69		
	居民安全	城南市	3.24	0.67	-7.187	0.000***
		济南市	3.53	0.66		
	居住交通	城南市	3.27	0.73	0.129	0.897
		济南市	3.27	0.72		
	福利环境	城南市	3.29	0.66	2.201	0.028*
		济南市	3.20	0.74		
	教育环境	城南市	3.20	0.74	-4.235	0.000***
		济南市	3.38	0.70		
	政务服务	城南市	3.31	0.78	-4.693	0.000***
		济南市	3.54	0.85		
	整体	城南市	3.16	0.49	-4.747	0.000***
		济南市	3.31	0.53		

注：* 表示 p<0.05，** 表示 p<0.01，*** 表示 p<0.001。

五 济南市和城南市公务员和居民的公共服务满意度和社会资本差异

（一）公务员和居民的公共服务满意度和社会资本差异

通过 T 检验验证公务员、居民的社会资本和公共服务满意度是否有显著性差异。分析结果显示（见表 4-9），在整个社会资本中，公务员平均值为 3.63，居民平均值为 3.51，t=4.362（p<0.001），存在显著差异，公务员高于居民。从 3 个维度来看，在信任维度方面，公务员平均值为 3.75，居民平均值为 3.59，t=4.708（p<0.001）；在参与维度方面，公务员平均值为 3.18，居民平均值为 3.04，t=3.093（p<0.01），存在显著差异，公务员显著高于居民。但在规范维度方面，公务员与居民之间没有显著差异。

在对整体的公共服务满意度测量上，公务员公共服务满意度的平均值为 3.36，居民公共服务满意度的平均值为 3.17，t=6.452

（p<0.001），公务员显著高于居民。在经济机会方面，公务员平均值为3.31，居民平均值为3.10，t=5.364（p<0.001）；在居民安全方面，公务员平均值为3.55，居民平均值为3.33，t=5.480（p<0.001）；在居住交通方面，公务员平均值为3.35，居民平均值为3.22，t=3.036（p<0.01）；在福利环境方面，公务员平均值为3.31，居民平均值为3.18，t=2.949（p<0.01）；教育环境中公务员平均值为3.43，居民平均值为3.23，t=4.893（p<0.001）；政务服务方面公务员平均值为3.76，居民平均值为3.23，t=11.115（p<0.001），均存在显著差异，公务员显著高于居民。

表4-9 公务员和居民的社会资本和公共服务满意度差异

维度		研究对象	平均值	标准偏差	t值	p值
社会资本	信任	公务员	3.75	0.55	4.708	0.000***
		居民	3.59	0.55		
	参与	公务员	3.18	0.74	3.093	0.002**
		居民	3.04	0.79		
	规范	公务员	3.84	0.56	1.597	0.111
		居民	3.79	0.51		
	整体	公务员	3.63	0.47	4.362	0.000***
		居民	3.51	0.46		
公共服务满意度	经济机会	公务员	3.31	0.67	5.364	0.000***
		居民	3.10	0.66		
	居民安全	公务员	3.55	0.64	5.480	0.000***
		居民	3.33	0.69		
	居住交通	公务员	3.35	0.71	3.036	0.002**
		居民	3.22	0.73		
	福利环境	公务员	3.31	0.73	2.949	0.003**
		居民	3.18	0.70		
	教育环境	公务员	3.43	0.71	4.893	0.000***
		居民	3.23	0.72		

续表

维度		研究对象	平均值	标准偏差	t 值	p 值
公共服务满意度	政务服务	公务员	3.76	0.75	11.115	0.000***
		居民	3.23	0.82		
	整体	公务员	3.36	0.52	6.452	0.000***
		居民	3.17	0.51		

注：* 表示 p<0.05，** 表示 p<0.01，*** 表示 p<0.001。

（二）济南市公务员和居民的公共服务满意度和社会资本差异

通过 T 检验验证济南市公务员和居民的社会资本和公共服务满意度是否有显著差异（见表 4-10）。分析结果显示，在整个社会资本中，公务员平均值为 3.74，居民平均值为 3.66，t=2.546（p<0.05），有显著差异，公务员高于居民。从各个维度来看，参与维度方面公务员平均值为 3.32，居民平均值为 3.14，t=3.399（p<0.001），有显著差异，且公务员高于居民。但在信任维度和规范维度上，公务员和居民之间没有显著差异。

表 4-10　济南市公务员和居民的社会资本和公共服务满意度差异

	维度	研究对象	平均值	标准偏差	t 值	p 值
社会资本	信任	公务员	3.82	0.55	1.526	0.127
		居民	3.76	0.51		
	参与	公务员	3.32	0.71	3.399	0.001***
		居民	3.14	0.75		
	规范	公务员	3.96	0.55	0.505	0.614
		居民	3.94	0.47		
	整体	公务员	3.74	0.45	2.546	0.011*
		居民	3.66	0.39		

续表

维度		研究对象	平均值	标准偏差	t值	p值
公共服务满意度	经济机会	公务员	3.32	0.71	1.67	0.095
		居民	3.24	0.66		
	居民安全	公务员	3.63	0.65	3.861	0.000***
		居民	3.44	0.66		
	居住交通	公务员	3.35	0.71	2.818	0.005**
		居民	3.20	0.72		
	福利环境	公务员	3.26	0.77	2.156	0.031*
		居民	3.14	0.72		
	教育环境	公务员	3.47	0.71	3.299	0.001***
		居民	3.30	0.69		
	政务服务	公务员	3.86	0.73	10.308	0.000***
		居民	3.25	0.85		
	整体	公务员	3.39	0.54	4.366	0.000***
		居民	3.22	0.51		

注：* 表示 p<0.05，** 表示 p<0.01，*** 表示 p<0.001。

在整体公共服务满意度上，公务员的公共服务满意度平均值为3.39，居民的公共服务满意度平均值为3.22，t=4.366（p<0.001），公务员显著高于居民。在公共服务满意度的各个维度中，在居民安全方面，公务员平均值为3.63，居民平均值为3.44，t=3.861（p<0.001）；在居住交通方面，公务员平均值为3.35，居民平均值为3.20，t=2.818（p<0.01）；在福利环境方面，公务员平均值为3.26，居民平均值为3.14，t=2.156（p<0.05）；在教育环境中，公务员平均值为3.47，居民平均值为3.30，t=3.299（p<0.001）；政务服务公务员平均值为3.86，居民平均值为3.25，t=10.308（p<0.001），均存在显著差异，且公务员显著高于居民。但是在经济机会方面公务员与居民没有明显的差异。

（三）城南市公务员和居民的公共服务满意度和社会资本的差异

通过T检验验证城南市公务员和居民的社会资本和公共服务满

意度是否有显著差异（见表 4-11）。分析结果显示，在信任维度方面，公务员的平均值为 3.56，居民的平均值为 3.39，t=3.131（p<0.01），存在显著差异。但在整体上以及参与维度和规范维度方面，公务员和居民之间没有显著差异。

在整体公共服务满意度上，公务员对公共服务满意度的平均值为 3.29，居民对公共服务满意度的平均值为 3.10，t=3.775（p<0.001），公务员显著高于居民。在公共服务满意度各个维度中，经济机会方面，公务员平均值为 3.29，居民平均值为 2.94，t=5.715（p<0.001）；在居民安全方面，公务员平均值为 3.35，居民平均值为 3.20，t=2.169（p<0.05）；在福利环境方面，公务员平均值为 3.43，居民平均值为 3.23，t=2.889（p<0.01）；在教育环境方面，公务员平均值为 3.34，居民平均值为 3.14，t=2.688（p<0.01）。政务服务公务员平均值为 3.50，居民平均值为 3.22，t=3.604（p<0.001）。但是在居住交通维度，公务员和居民没有明显的差异，除此之外，在公共服务满意度各个维度中均存在显著差异，且公务员显著高于居民。

表 4-11　城南市公务员和居民的社会资本和公共服务满意度差异

	维度	研究对象	平均值	标准偏差	t 值	p 值
社会资本	信任	公务员	3.56	0.53	3.131	0.002**
		居民	3.39	0.54		
	参与	公务员	2.81	0.69	-1.298	0.195
		居民	2.92	0.83		
	规范	公务员	3.53	0.44	-1.501	0.134
		居民	3.60	0.51		
	整体	公务员	3.36	0.44	0.583	0.560
		居民	3.34	0.47		

续表

维度		研究对象	平均值	标准偏差	t 值	p 值
公共服务满意度	经济机会	公务员	3.29	0.57	5.715	0.000***
		居民	2.94	0.61		
	居民安全	公务员	3.35	0.58	2.169	0.031*
		居民	3.20	0.70		
	居住交通	公务员	3.35	0.71	1.415	0.158
		居民	3.24	0.74		
	福利环境	公务员	3.43	0.61	2.889	0.004**
		居民	3.23	0.67		
	教育环境	公务员	3.34	0.70	2.688	0.007**
		居民	3.14	0.74		
	政务服务	公务员	3.50	0.74	3.604	0.000***
		居民	3.22	0.78		
	整体	公务员	3.29	0.48	3.755	0.000***
		居民	3.10	0.49		

注：* 表示 p<0.05，** 表示 p<0.01，*** 表示 p<0.001。

第三节 社会资本对公共服务供给能力、需求水平、满意度的影响

一 社会资本对公共服务供给能力的影响

本书采用回归分析验证社会资本对公共服务供给能力的影响机制。分析结果显示（见表 4-12），整体信任度为 $\beta=0.150$（$p<0.001$），参与度为 $\beta=0.177$（$p<0.001$），规范度为 $\beta=0.424$（$p<0.001$），均具有显著的正向（+）影响（表 4-12）。从公共服务供给能力的各个维度来看，在专业性方面，信任度为 $\beta=0.143$（$p<0.01$），参与度为 $\beta=0.128$（$p<0.01$），规范度为 $\beta=0.338$（$p<0.001$），都具有显著的正向（+）影响。在解决问题上，信任为

$\beta=0.137$（p<0.01），参与为 $\beta=0.120$（p<0.01），规范为 $\beta=0.008$（p<0.001），都有显著的正向（+）影响。

在沟通方面，信任度为 $\beta=0.093$（p<0.05），参与度为 $\beta=0.172$（p<0.001），规范度为 $\beta=0.358$（p<0.001），均具有显著性正向（+）的影响。在调整、整合中，信任为 $\beta=0.113$（p<0.05），参与为 $\beta=0.160$（p<0.001），规范为 $\beta=0.372$（p<0.001），都有显著的正向（+）影响。在工作推进力方面，信任为 $\beta=0.150$（p<0.01），参与为 $\beta=0.127$（p<0.01），规范为 $\beta=0.350$（p<0.001），都有显著的正向（+）影响。

在宣传能力方面，参与度为 $\beta=0.239$（p<0.001），规范度为 $\beta=0.281$（p<0.001），具有显著的正向（+）影响，但信任对公共服务供给能力没有显著影响。在道德品质方面，信任为 $\beta=0.139$（p<0.01），参与为 $\beta=0.117$（p<0.01），规范为 $\beta=0.286$（p<0.001），都有显著的正向（+）影响。在居民需求导向性方面，信任为 $\beta=0.116$（p<0.05），参与为 $\beta=0.127$（p<0.01），规范为 $\beta=0.384$（p<0.001），都有显著的正向（+）影响。

结果显示，除了信任对宣传能力没有显著影响，社会资本中的信任、参与和规范3个维度都对公共服务供给能力有显著的正向（+）的影响。信任、参与、规范程度增强的话，公共服务供给能力也会显著增强。从标准回归系数来看，规范、参与、信任对公共服务供给能力的影响依次减弱。

济南市和城南市相比，济南市公务员方面，信任除了对沟通、协调整合、解决问题、工作推进力、宣传能力、道德品质没有影响，其他都有显著的正向（+）的影响。而城南市公务员方面，除了信任和参与对专业性、信任和参与对解决问题、参与对协调统一、参与对工作推进力、信任和规范对宣传能力、参与对道德性、信任和参与对居民需求导向性以外，其余都有显著的正向（+）影响。从整体上看，济南市公务员社会资本中参与、信任对公共服务供给能力的各个维度几乎都有显著的正向（+）的影响，城南市公务员的情况则表现为除了参与外，社会资本中信任、规范都对供给能力有显著的影响。

表 4-12　　社会资本对公共服务供给能力的影响

公共服务供给能力	变量	城南市 β	城南市 t值	济南市 β	济南市 t值	整体 β	整体 t值
专业性	性别	-0.128	-1.615	-0.056	-1.11	-0.068	-1.719
	年龄	-0.122	-1.427	0.038	0.509	-0.094	-1.884
	学历	0.096	1.194	0.123	2.138	0.079	1.882
	负责时间	0.017	0.212	0.097	1.346	0.151	3.389
	月收入	0.04	0.493	-0.061	-1.099	-0.049	-1.124
	信任	0.168	1.792	0.136	2.351*	0.143	3.075**
	参与	0.086	0.986	0.111	2.113*	0.128	2.996**
	规范	0.325	3.280**	0.308	5.443***	0.338	7.119***
解决问题	性别	-0.031	-0.433	-0.089	-1.852	-0.077	-1.986
	年龄	-0.017	-0.225	-0.083	-1.15	-0.008	-0.152
	学历	-0.009	-0.129	-0.006	-0.11	-0.001	-0.029
	负责时间	0.018	0.254	0.065	0.947	-0.004	-0.089
	月收入	-0.027	-0.371	-0.096	-1.805	-0.052	-1.190
	信任	0.205	2.426	0.09	1.639	0.137	2.966**
	参与	0.085	1.081	0.142	2.831**	0.120	2.832**
	规范	0.006	2.297*	0.008	4.828***	0.008	5.793***
沟通	性别	0.062	0.815	-0.053	-1.084	-0.028	-0.696
	年龄	-0.138	-1.681	-0.069	-0.928	-0.078	-1.536
	学历	-0.035	-0.449	-0.021	-0.367	-0.029	-0.685
	负责时间	0.003	0.034	0.007	0.093	-0.008	-0.188
	月收入	-0.068	-0.865	-0.03	-0.547	-0.022	-0.489
	信任	0.204	2.267*	0.059	1.041	0.093	1.982*
	参与	0.250	2.980**	0.158	3.079**	0.172	3.967***
	规范	0.302	3.173**	0.364	6.557***	0.358	7.438***
调整、整合	性别	0.018	0.239	-0.049	-1.001	-0.033	-0.829
	年龄	-0.115	-1.405	0.093	1.275	0.014	0.275
	学历	-0.034	-0.445	-0.028	-0.499	-0.027	-0.632

续表

公共服务供给能力	变量	城南市 β	城南市 t值	济南市 β	济南市 t值	整体 β	整体 t值
调整、整合	负责时间	0.058	0.747	-0.085	-1.216	-0.025	-0.564
	月收入	-0.049	-0.633	-0.085	-1.573	-0.06	-1.353
	信任	0.18	2.005*	0.073	1.309	0.113	2.385*
	参与	0.078	0.924	0.195	3.838***	0.160	3.688***
	规范	0.427	4.486***	0.354	6.443***	0.372	7.713***
业务推进力	性别	0.073	0.912	-0.062	-1.307	-0.015	-0.361
	年龄	-0.131	-1.51	0.093	1.298	0.043	0.843
	学历	0.11	1.347	0.088	1.62	0.075	1.736
	负责时间	-0.056	-0.686	0.002	0.03	-0.021	-0.467
	月收入	0.114	1.378	-0.09	-1.695	-0.014	-0.317
	信任	0.219	2.303*	0.104	1.900	0.150	3.137**
	参与	0.088	0.990	0.168	3.369**	0.127	2.891**
	规范	0.298	2.963**	0.364	6.741***	0.350	7.172***
宣传能力	性别	0.027	0.342	-0.052	-1.037	-0.033	-0.811
	年龄	-0.011	-0.124	0.04	0.52	0.013	0.242
	学历	0.085	1.055	0.105	1.823	0.086	1.986
	负责时间	0.069	0.852	0.066	0.901	0.08	1.73
	月收入	-0.056	-0.689	-0.076	-1.364	-0.07	-1.529
	信任	0.177	1.874	0.076	1.322	0.092	1.920
	参与	0.383	4.354***	0.191	3.636***	0.239	5.385***
	规范	0.143	1.433	0.289	5.090***	0.281	5.699***
道德品质	性别	0.063	0.741	-0.004	-0.083	0.013	0.315
	年龄	-0.013	-0.146	0.064	0.842	0.035	0.662
	学历	0.021	0.24	0.093	1.623	0.064	1.422
	负责时间	-0.051	-0.589	0.001	0.009	-0.021	-0.441
	月收入	-0.014	-0.165	-0.104	-1.866	-0.069	-1.461
	信任	0.234	2.330*	0.091	1.571	0.139	2.793**
	参与	-0.028	-0.295	0.165	3.144**	0.117	2.559*
	规范	0.282	2.662**	0.285	5.013***	0.286	5.630***

续表

公共服务供给能力	变量	城南市 β	城南市 t值	济南市 β	济南市 t值	整体 β	整体 t值
居民需求指向性	性别	0.052	0.657	-0.082	-1.708	-0.054	-1.338
	年龄	-0.1	-1.184	-0.022	-0.308	-0.022	-0.431
	学历	-0.028	-0.35	0.05	0.905	0.04	0.94
	负责时间	0.142	1.779	0.011	0.157	0.02	0.431
	月收入	-0.035	-0.44	-0.05	-0.929	-0.021	-0.472
	信任	0.079	0.855	0.115	2.073*	0.116	2.440*
	参与	0.159	1.839	0.128	2.544*	0.127	2.903**
	规范	0.434	4.413***	0.382	7.015***	0.384	7.915***
整体	性别	0.013	0.19	-0.071	-1.546	-0.049	-1.348
	年龄	-0.101	-1.346	0.017	0.246	-0.019	-0.41
	学历	0.024	0.345	0.056	1.069	0.039	1.007
	负责时间	0.038	0.536	0.027	0.409	0.029	0.697
	月收入	-0.016	-0.219	-0.088	-1.742	-0.053	-1.299
	信任	0.217	2.638**	0.115	2.175*	0.150	3.448***
	参与	0.156	2.031*	0.19	3.965***	0.177	4.438***
	规范	0.434	4.970***	0.417	8.069***	0.424	9.576***

注：* 表示 $p<0.05$，** 表示 $p<0.01$，*** 表示 $p<0.001$。

二 社会资本对公共服务需求水平的影响

在社会资本对公共服务需求水平的影响中，总体上规范维度表现为 $\beta = 0.228$（$p<0.001$），对公共服务需求水平有显著的正向（+）影响，但信任维度和参与维度对公共服务需求水平没有显著的影响（见表4-13）。

居民的社会资本中，规范对公共服务需求水平各个维度的影响作用表现为以下结果：易接近性方面为 $\beta = 0.269$（$p<0.001$）；在亲切性方面为 $\beta = 0.179$（$p<0.001$）；便利性为 $\beta = 0.216$（$p<0.001$）；在专业性方面为 $\beta = 0.211$（$p<0.001$）；在业务处理态度上规范为 $\beta = 0.145$（$p<0.01$）；在舒适性方面，规范为 $= 0.131$

（p<0.001），表明均具有显著的正向（+）影响。

而参与维度对公共服务需求水平的各个维度的影响作用表现为以下结果：亲切性为 $\beta = 0.095$（p<0.05）；舒适性为 $\beta = 0.088$（p<0.01）具有显著的正向（+）影响。在业务处理态度上，信任度为 $\beta = -0.122$（p<0.01），具有显著的负（-）影响。在社会资本中，规范维度对公共服务需求水平各维度都有显著的正向（+）影响。参与维度只对亲切性和舒适性有显著的正向影响（+），但信任维度对业务处理态度有显著的负向（-）的影响。

从济南市和城南市居民的对比分析来看，济南市居民在易接近性上，信任维度对易接近性的影响是负向（-）的影响，规范维度对易接近性和亲切性的影响是正向（+）的影响；在亲切性上，信任维度对亲切性的影响是负向（-）的影响，对规范维度是正向（+）的影响；在便利性上，信任维度对便利性的影响是负向（-）的影响，规范维度对便利性的影响是正向（+）的影响；规范维度对易接近性、专业性、业务处理态度和舒适性的影响是正向（+）的影响。对于城南市居民来说，在专业性和业务处理态度上，信任维度对专业性和业务处理态度有着负向（-）影响。

就城南市而言，社会资本对需求水平的影响作用不显著。规范维度反映了居民对社会安全和治安的基本需求。在济南市，规范维度对公共服务需求水平的影响上，能够起到一定程度的作用；但在城南市，社会资本中规范维度对公共服务需求水平没有作用。无论是济南市还是城南市，从居民对公务员的信任角度来看，由于社会公共领域并非存在不腐败的现象，因而对此的满意度均较低，而当信任度较高时，两市居民对于外部公共行政的不满则均会降低。

表 4-13　　　社会资本对公共服务需求水平的影响

公共服务需求水平	变量	城南市 β	城南市 t值	济南市 β	济南市 t值	整体 β	整体 t值
易接近性	性别	0.121	2.049	-0.035	-0.69	0.02	0.537
	年龄	-0.058	-0.92	0.036	0.69	-0.139	-3.651
	学历	-0.022	-0.356	0.113	2.068	-0.035	-0.877
	居住时间	-0.07	-1.183	-0.048	-0.92	-0.008	-0.2
	月收入	-0.002	-0.03	-0.04	-0.754	-0.061	-1.528
	信任	0.043	0.618	-0.123	-2.335*	-0.017	-0.386
	参与	0.033	0.487	0.043	0.836	0.046	1.17
	规范	0.005	0.073	0.381	6.947***	0.269	6.054***
亲切性	性别	0.091	1.546	0.041	0.794	0.052	1.37
	年龄	-0.059	-0.923	0.015	0.293	-0.168	-4.356
	学历	-0.097	-1.609	0.229	4.18	-0.031	-0.765
	居住时间	0.016	0.262	-0.048	-0.902	0.049	1.253
	月收入	-0.011	-0.188	-0.164	-3.055	-0.11	-2.71
	信任	-0.064	-0.905	-0.127	-2.392*	-0.068	-1.559
	参与	0.061	0.915	0.095	1.857	0.095	2.381*
	规范	-0.019	-0.266	0.248	4.503***	0.179	3.989***
便利性	性别	0.087	1.452	0.039	0.769	0.053	1.355
	年龄	0.011	0.179	-0.063	-1.199	-0.134	-3.406
	学历	-0.098	-1.608	0.182	3.305	0.004	0.103
	居住时间	-0.05	-0.831	-0.022	-0.425	-0.003	-0.08
	月收入	0.03	0.5	-0.064	-1.199	-0.037	-0.888
	信任	-0.043	-0.61	-0.115	-2.162*	-0.073	-1.629
	参与	-0.023	-0.337	0.089	1.736	0.058	1.409
	规范	0.018	0.248	0.302	5.477***	0.216	4.737***
专业性	性别	0.077	1.328	0.011	0.199	0.031	0.78
	年龄	0.027	0.439	-0.001	-0.012	-0.098	-2.498
	学历	0.027	0.453	0.071	1.252	-0.037	-0.9
	居住时间	-0.051	-0.871	-0.058	-1.069	0.006	0.159
	月收入	0.118	2.03	-0.064	-1.16	-0.016	-0.387

续表

公共服务需求水平	变量	城南市 β	城南市 t值	济南市 β	济南市 t值	整体 β	整体 t值
专业性	信任	-0.188	-2.717**	-0.067	-1.229	-0.088	-1.963
	参与	0.089	1.357	0	-0.008	0.038	0.936
	规范	-0.007	-0.099	0.3	5.274***	0.211	4.606***
业务处理态度	性别	-0.034	-0.58	0.042	0.779	-0.013	-0.328
	年龄	-0.008	-0.132	0.029	0.53	-0.115	-2.894
	学历	-0.071	-1.203	0.132	2.308	-0.059	-1.41
	居住时间	-0.094	-1.62	-0.012	-0.214	-0.006	-0.146
	月收入	0.05	0.861	-0.057	-1.021	-0.047	-1.117
	信任	-0.202	-2.938**	-0.106	-1.919	-0.122	-2.701**
	参与	0.079	1.21	0.019	0.352	0.05	1.208
	规范	-0.05	-0.726	0.234	4.065***	0.145	3.146**
舒适性	性别	0.02	0.343	-0.002	-0.034	-0.006	-0.145
	年龄	0.054	0.849	-0.013	-0.233	-0.092	-2.33
	学历	-0.127	-2.109	0.09	1.574	-0.09	-2.18
	居住时间	-0.169	-2.86	-0.073	-1.336	-0.082	-2.058
	月收入	0.013	0.217	-0.069	-1.235	-0.063	-1.519
	信任	-0.022	-0.319	-0.05	-0.903	-0.008	-0.174
	参与	0.071	1.066	0.079	1.487	0.088	2.150*
	规范	-0.081	-1.144	0.24	4.204***	0.131	2.854***
整体	性别	0.065	1.11	0.027	0.528	0.028	0.73
	年龄	-0.021	-0.336	0.003	0.062	-0.155	-4.01
	学历	-0.072	-1.204	0.163	2.976	-0.05	-1.221
	居住时间	-0.078	-1.318	-0.046	-0.886	-0.002	-0.041
	月收入	0.048	0.821	-0.084	-1.58	-0.059	-1.457
	信任	-0.119	-1.703	-0.12	-2.279*	-0.084	-1.918
	参与	0.064	0.965	0.061	1.203	0.071	1.763
	规范	-0.019	-0.269	0.339	6.189***	0.228	5.071***

注：* 表示 p<0.05，** 表示 p<0.01，*** 表示 p<0.001。

三 社会资本对公共服务满意度的影响

在社会资本对公共服务满意度的影响作用中,整体上信任维度表现为 β=0.306（p<0.001）,参与维度表现为 β=0.109（p<0.001）,规范维度表现为 β=0.199（p<0.001）,都具有显著的正向（+）影响（见表4-14）。从公共服务满意度的各个维度来看,经济机会中信任维度为 β=0.285（p<0.001）,参与维度为 β=0.099（p<0.001）,规范维度为 β=0.113（p<0.001）。居民安全中,信任维度为 β=0.160（p<0.001）,参与维度为 β=0.091（p<0.01）,规范维度为 β=0.244（p<0.001）。居住交通中信任维度为 β=0.201（p<0.001）,参与维度为 β=0.087（p<0.01）,规范维度为 β=0.110（p<0.01）。在福利环境中,信任维度为 β=0.229（p<0.001）,规范维度为 β=0.111（p<0.01）。在教育文化中,信任维度为 β=0.170（p<0.001）,参与维度为 β=0.119（p<0.001）,规范维度为 β=0.161（p<0.001）。在政务服务中信任维度为 β=0.175（p<0.001）,规范维度为 β=0.233（p<0.001）,具有显著的正向（+）影响。

在公共服务满意度方面,社会资本的作用很显著。就城南市而言,除了经济机会中的规范,以及居民安全、政务服务中的参与外,都有显著的正向（+）的影响;济南市除了参与对经济机会、居民安全、居住交通、政务服务和福利环境没有显著影响,其他的都有显著的正向（+）的影响。除了部分统计上的无意义的情况外,可认为两市的信任和规范均有助于促进对公共服务的满意度。在信任方面,济南市的回归系数高于城南市;在规范方面,城南市比济南市的回归系数高。

表4-14   社会资本对公共服务满意度的影响

公共服务满意度	变量	城南市		济南市		整体	
		β	t值	β	t值	β	t值
经济机会	性别	-0.073	-1.635	-0.066	-1.862	-0.072	-2.619
	年龄	-0.002	-0.04	-0.01	-0.239	-0.018	-0.631
	学历	0.066	1.469	0.05	1.268	0.037	1.26

续表

公共服务满意度	变量	城南市 β	城南市 t值	济南市 β	济南市 t值	整体 β	整体 t值
经济机会	时间	-0.111	-2.411	0.036	0.861	-0.013	-0.456
	月收入	-0.033	-0.727	0.068	1.819	0.016	0.548
	信任	0.311	5.891***	0.249	6.406***	0.285	8.876***
	参与	0.177	3.456***	0.061	1.648	0.099	3.357***
	规范	0.002	0.045	0.147	3.734***	0.113	3.457***
居民安全	性别	0.004	0.085	-0.128	-3.608	-0.077	-2.813
	年龄	-0.038	-0.776	0.031	0.76	-0.048	-1.661
	学历	0.111	2.436	0.139	3.534	0.114	3.957
	时间	0.026	0.561	-0.073	-1.773	0.005	0.184
	月收入	-0.029	-0.624	0.039	1.057	0.002	0.052
	信任	0.127	2.367*	0.159	4.090***	0.16	5.004***
	参与	0.095	1.825	0.058	1.580	0.091	3.108**
	规范	0.26	4.715***	0.196	4.997***	0.244	7.466***
居住交通	性别	-0.054	-1.217	-0.063	-1.734	-0.06	-2.102
	年龄	-0.076	-1.563	0.007	0.167	0.02	0.669
	学历	0.106	2.352	0.074	1.842	0.084	2.82
	时间	-0.076	-1.643	-0.041	-0.962	-0.064	-2.13
	月收入	0.047	1.047	0.078	2.06	0.081	2.696
	信任	0.144	2.715**	0.228	5.740***	0.201	6.085***
	参与	0.231	4.495***	0.02	0.539	0.087	2.872**
	规范	0.17	3.125**	0.084	2.088*	0.11	3.259**
福利环境	性别	0.083	1.82	-0.057	-1.573	-0.008	-0.283
	年龄	0.006	0.112	-0.012	-0.294	0.055	1.827
	学历	0.055	1.195	0.032	0.796	0.068	2.284
	时间	-0.042	-0.903	-0.046	-1.087	-0.08	-2.668
	月收入	-0.009	-0.199	0.094	2.502	0.089	2.93
	信任	0.213	3.941***	0.247	6.272***	0.229	6.876***
	参与	0.105	2.002*	0.046	1.241	0.055	1.811
	规范	0.161	2.888**	0.122	3.059**	0.111	3.275**

续表

公共服务满意度	变量	城南市		济南市		整体	
		β	t值	β	t值	β	t值
教育文化	性别	0.037	0.799	-0.044	-1.199	-0.013	-0.452
	年龄	0.026	0.508	0.019	0.448	0.006	0.195
	学历	0.037	0.781	0.04	1.00	0.027	0.897
	时间	-0.114	-2.372	-0.063	-1.485	-0.072	-2.408
	月收入	0.048	1.031	0.051	1.331	0.045	1.478
	信任	0.153	2.781**	0.159	4.006***	0.17	5.140***
	参与	0.137	2.550**	0.1	2.647**	0.119	3.919***
	规范	0.131	2.298*	0.152	3.781***	0.161	4.752***
政务服务	性别	0.031	0.697	-0.099	-2.764	-0.052	-1.864
	年龄	-0.073	-1.488	0.04	0.959	-0.025	-0.835
	学历	0.079	1.726	0.118	2.984	0.097	3.292
	时间	-0.021	-0.448	-0.061	-1.460	-0.032	-1.074
	月收入	-0.079	-1.716	-0.046	-1.236	-0.057	-1.916
	信任	0.175	3.255**	0.168	4.286***	0.175	5.378***
	参与	0.056	1.079	0.014	0.376	0.031	1.036
	规范	0.232	4.162***	0.214	5.383***	0.233	7.020***
整体	性别	0.007	0.166	-0.099	-2.924	-0.061	-2.349
	年龄	-0.029	-0.635	0.006	0.158	-0.005	-0.184
	学历	0.095	2.234	0.081	2.176	0.081	2.961
	时间	-0.062	-1.42	-0.025	-0.643	-0.036	-1.296
	月收入	0.002	0.054	0.055	1.559	0.039	1.419
	信任	0.288	5.762***	0.298	8.049***	0.306	10.041***
	参与	0.163	3.377**	0.081	2.305*	0.109	3.916***
	规范	0.208	4.034***	0.184	4.919***	0.199	6.409***

注：* 表示 p<0.05，** 表示 p<0.01，*** 表示 p<0.001。

第四节 济南市和城南市在社会资本对公共服务供给能力、需求水平、满意度影响中的调节效应

在前文中,分析了济南市和城南市的社会资本对公共服务供给能力、居民公共服务需求水平、公共服务满意度的影响。根据结果可以探究社会资本的作用机制,也可以分析济南市和城南市的差异。为了更加细致地研究这一差异,运用层次回归分析来验证济南市和城南市的调节效应,并将独立变量进行了标准化设置。在设定济南市和城南市为调节变量时,将城南市公务员和城南市居民设定为0,济南市公务员和济南市居民设定为1。

一 济南市和城南市在社会资本对公共服务供给能力影响中的调节效应

在社会资本对公共服务供给能力的影响关系中,公共服务供给能力在专业性、解决问题、居民需求导向性上有显著的影响效果。但在其他领域,城南市公务员和济南市公务员没有显著的调节效应(见表4-15)。城南市公务员在解决问题和居民需求导向性上的回归系数比济南市公务员更高。在专业性上,济南市公务员的专业性的回归系数较高。在其他公共服务供给能力各个维度中,两市公务员没有显著的调节效应。

因为是向公务员本人调查供给能力的结果,分析的本身可能会存在误差(Bias),所以不能直接用来解释分析结果。但是可以明确的是,城南市公务员重视解决社会矛盾的能力,而济南市更重视专业性。

表 4-15　济南市公务员和城南市公务员在社会资本对公共服务供给能力影响中的调节效应

公共服务供给能力	变量	回归系数	标准误差	标准回归系数	t 值	模型统计量
专业性	性别	-0.08	0.047	-0.067	-1.705	$R^2=0.333$, $F=32.674^{***}$
	年龄	-0.005	0.032	-0.008	-0.144	
	学历	0.059	0.031	0.081	1.933	
	负责时间	0.031	0.021	0.073	1.475	
	月收入	-0.019	0.027	-0.031	-0.698	
	信任	0.106	0.057	0.176	1.86	
	参与	0.039	0.053	0.065	0.733	
	规范	0.246	0.072	0.41	3.432	
	m	0.204	0.073	0.153	2.793**	
	信任×m	-0.029	0.065	-0.041	-0.451	
	参与×m	0.023	0.061	0.032	0.378	
	规范×m	-0.074	0.078	-0.104	-0.949	
解决问题	性别	-0.088	0.048	-0.07	-1.814	$R^2=0.335$, $F=34.467^{***}$
	年龄	-0.034	0.033	-0.056	-1.017	
	学历	-0.003	0.031	-0.004	-0.089	
	负责时间	0.018	0.021	0.04	0.82	
	月收入	-0.049	0.028	-0.078	-1.775	
	信任	0.135	0.059	0.217	2.301	
	参与	0.06	0.055	0.097	1.1	
	规范	0.358	0.074	0.575	4.84	
	m	-0.199	0.075	-0.144	-2.645**	
	信任×m	-0.076	0.067	-0.103	-1.131	
	参与×m	0.03	0.063	0.04	0.48	
	规范×m	-0.119	0.081	-0.161	-1.474	
沟通能力	性别	-0.031	0.052	-0.023	-0.587	$R^2=0.291$, $F=28.105^{***}$
	年龄	-0.064	0.036	-0.1	-1.768	
	学历	-0.02	0.034	-0.026	-0.597	
	负责时间	0.005	0.023	0.011	0.208	

续表

公共服务供给能力	变量	回归系数	标准误差	标准回归系数	t 值	模型统计量
沟通能力	月收入	-0.024	0.03	-0.037	-0.805	$R^2=0.291$, $F=28.105$***
	信任	0.125	0.064	0.19	1.959	
	参与	0.149	0.06	0.226	2.486	
	规范	0.236	0.08	0.36	2.938	
	m	-0.095	0.082	-0.065	-1.16	
	信任×m	-0.086	0.073	-0.11	-1.175	
	参与×m	-0.04	0.069	-0.05	-0.588	
	规范×m	0.001	0.088	0.002	0.013	
调整、整合	性别	-0.037	0.05	-0.029	-0.736	$R^2=0.323$, $F=30.127$***
	年龄	0	0.035	0	0.004	
	学历	-0.024	0.033	-0.031	-0.721	
	负责时间	-0.004	0.022	-0.009	-0.176	
	月收入	-0.048	0.029	-0.075	-1.656	
	信任	0.111	0.061	0.177	1.834	
	参与	0.032	0.057	0.051	0.565	
	规范	0.333	0.077	0.531	4.346	
	m	-0.087	0.078	-0.062	-1.109	
	信任×m	-0.064	0.07	-0.086	-0.919	
	参与×m	0.093	0.065	0.122	1.428	
	规范×m	-0.112	0.084	-0.151	-1.34	
业务推进力	性别	-0.016	0.051	-0.013	-0.31	$R^2=0.298$, $F=27.051$***
	年龄	0.014	0.035	0.022	0.386	
	学历	0.056	0.033	0.073	1.683	
	负责时间	0.001	0.023	0.003	0.055	
	月收入	-0.019	0.029	-0.03	-0.644	
	信任	0.147	0.062	0.233	2.372	
	参与	0.025	0.058	0.039	0.427	
	规范	0.263	0.078	0.418	3.373	
	m	-0.086	0.08	-0.061	-1.08	
	信任×m	-0.076	0.071	-0.101	-1.067	

续表

公共服务供给能力	变量	回归系数	标准误差	标准回归系数	t值	模型统计量
业务推进力	参与×m	0.081	0.067	0.106	1.219	$R^2=0.298$, $F=27.051***$
	规范×m	-0.042	0.085	-0.056	-0.491	
宣传能力	性别	-0.041	0.053	-0.032	-0.783	$R^2=0.274$, $F=23.001***$
	年龄	0.015	0.037	0.023	0.398	
	学历	0.074	0.034	0.094	2.14	
	负责时间	0.031	0.024	0.067	1.292	
	月收入	-0.045	0.03	-0.069	-1.475	
	信任	0.103	0.064	0.159	1.607	
	参与	0.222	0.06	0.344	3.699	
	规范	0.099	0.081	0.153	1.224	
	m	0.039	0.082	0.028	0.479	
	信任×m	-0.051	0.073	-0.067	-0.697	
	参与×m	-0.092	0.069	-0.117	-1.332	
	规范×m	0.09	0.088	0.118	1.025	
道德品质	性别	0.017	0.055	0.013	0.307	$R^2=0.223$, $F=19.004***$
	年龄	0.026	0.038	0.041	0.689	
	学历	0.049	0.036	0.061	1.367	
	负责时间	-0.008	0.025	-0.017	-0.327	
	月收入	-0.051	0.032	-0.077	-1.608	
	信任	0.158	0.067	0.241	2.366	
	参与	-0.027	0.063	-0.041	-0.43	
	规范	0.216	0.084	0.331	2.57	
	m	0.001	0.086	0	0.006	
	信任×m	-0.096	0.077	-0.123	-1.25	
	参与×m	0.14	0.072	0.175	1.942	
	规范×m	-0.029	0.092	-0.038	-0.32	
居民需求导向性	性别	-0.059	0.049	-0.048	-1.206	$R^2=0.286$, $F=27.135***$
	年龄	-0.049	0.034	-0.081	-1.425	
	学历	0.027	0.032	0.036	0.844	

续表

公共服务供给能力	变量	回归系数	标准误差	标准回归系数	t 值	模型统计量
居民需求导向性	负责时间	0.03	0.022	0.069	1.363	$R^2=0.286$, $F=27.135$***
	月收入	-0.025	0.028	-0.04	-0.881	
	信任	0.053	0.06	0.086	0.888	
	参与	0.106	0.056	0.173	1.896	
	规范	0.337	0.075	0.547	4.47	
	m	-0.205	0.077	-0.15	-2.669***	
	信任×m	0.018	0.069	0.024	0.258	
	参与×m	-0.025	0.064	-0.034	-0.395	
	规范×m	-0.108	0.082	-0.148	-1.313	
整体	性别	-0.047	0.038	-0.045	-1.235	$R^2=0.399$, $F=45.045$***
	年龄	-0.015	0.026	-0.029	-0.563	
	学历	0.024	0.025	0.039	0.982	
	负责时间	0.014	0.017	0.039	0.848	
	月收入	-0.034	0.022	-0.066	-1.57	
	信任	0.114	0.046	0.219	2.456	
	参与	0.072	0.043	0.138	1.656	
	规范	0.274	0.058	0.527	4.687	
	m	-0.058	0.06	-0.05	-0.976	
	信任×m	-0.053	0.053	-0.086	-1.002	
	参与×m	0.028	0.05	0.044	0.559	
	规范×m	-0.062	0.064	-0.1	-0.968	

注：*表示 $p<0.05$，**表示 $p<0.01$，***表示 $p<0.001$；m 表示城南市公务员和济南市公务员。

二 济南市和城南市在社会资本对公共服务需求水平影响中的调节效应

为了分析社会资本对居民公共服务需求水平影响的过程，城南市居民和济南市居民是否具有调节效应，运用层次回归分析来进行验证。整体效果为 $\beta=0.345$（$p<0.001$），具有显著的正向（+）调

节效应。调节效应在规范中为 β=0.240（p<0.001），具有显著的正向（+）的调节效应（见表4-16）。济南市居民的公共服务需求水平总体上高于城南市居民，当规范度提高时，济南市居民的公共服务需求水平比城南市居民的水平提升更快。在居民公共服务需求水平的易接近性方面，规范维度为 β=0.260（p<0.001），具有显著性的正向（+）的调节效应。在亲切性方面，规范维度为 β=0.181（p<0.01）具有显著的正向（+）调节效应。在便利性方面，规范维度是 β=0.207（p<0.01）具有显著的正向（+）调节效应。在专业性方面，规范维度为 β=0.205（p<0.001）具有显著的正向（+）调节效应。在业务处理态度上，规范为=0.196（p<0.001）具有显著的正向（+）调节效应。在舒适性方面，规范为 β=0.221（p<0.001）具有显著的正向（+）调节效应。

表4-16　济南市居民和城南市居民在社会资本对公共服务需求水平影响中的调节效应

公共服务需求水平	变量	回归系数	标准误差	标准回归系数	t值	模型统计量
易接近性	性别	0.057	0.052	0.039	1.081	$R^2=0.215$, $F=24.419$***
	年龄	-0.015	0.021	-0.028	-0.685	
	学历	0.022	0.023	0.038	0.925	
	居住时间	-0.03	0.022	-0.052	-1.364	
	月收入	-0.005	0.021	-0.009	-0.231	
	信任	0.022	0.047	0.03	0.461	
	参与	0.021	0.041	0.029	0.506	
	规范	0.004	0.047	0.005	0.077	
	m	0.449	0.067	0.31	6.703***	
	信任×m	-0.108	0.062	-0.105	-1.746	
	参与×m	0.013	0.056	0.012	0.227	
	规范×m	0.273	0.063	0.260	4.335***	

续表

公共服务需求水平	变量	回归系数	标准误差	标准回归系数	t 值	模型统计量
亲切性	性别	0.109	0.056	0.071	1.931	$R^2=0.181$, $F=20.221^{***}$
	年龄	-0.029	0.023	-0.052	-1.263	
	学历	0.03	0.025	0.049	1.179	
	居住时间	0	0.023	-0.001	-0.016	
	月收入	-0.035	0.022	-0.061	-1.547	
	信任	-0.081	0.051	-0.106	-1.601	
	参与	0.061	0.044	0.08	1.383	
	规范	-0.014	0.05	-0.019	-0.285	
	m	0.487	0.072	0.317	6.743***	
	信任×m	-0.005	0.067	-0.005	-0.082	
	参与×m	0.012	0.06	0.011	0.200	
	规范×m	0.202	0.068	0.181	2.976**	
便利性	性别	0.099	0.056	0.067	1.75	$R^2=0.146$, $F=13.271^{***}$
	年龄	-0.024	0.023	-0.044	-1.052	
	学历	0.03	0.025	0.05	1.172	
	居住时间	-0.019	0.023	-0.032	-0.797	
	月收入	-0.002	0.022	-0.003	-0.082	
	信任	-0.055	0.051	-0.074	-1.081	
	参与	0.007	0.044	0.009	0.15	
	规范	0.014	0.05	0.019	0.283	
	m	0.318	0.072	0.214	4.400***	
	信任×m	-0.026	0.067	-0.024	-0.384	
	参与×m	0.064	0.06	0.061	1.060	
	规范×m	0.223	0.068	0.207	3.271**	
专业性	性别	0.073	0.056	0.049	1.311	$R^2=0.136$, $F=14.880^{***}$
	年龄	0.008	0.023	0.014	0.334	
	学历	0.027	0.025	0.045	1.065	
	居住时间	-0.027	0.023	-0.046	-1.175	
	月收入	0.018	0.022	0.032	0.8	

续表

公共服务需求水平	变量	回归系数	标准误差	标准回归系数	t值	模型统计量
专业性	信任	-0.155	0.05	-0.209	-3.102	$R^2=0.136$, $F=14.880^{***}$
	参与	0.062	0.044	0.084	1.428	
	规范	0.001	0.05	0.002	0.029	
	m	0.46	0.071	0.309	6.447***	
	信任×m	0.107	0.066	0.101	1.621	
	参与×m	-0.065	0.06	-0.062	-1.095	
	规范×m	0.222	0.067	0.205	3.301***	
业务处理态度	性别	0.008	0.052	0.006	0.147	$R^2=0.141$, $F=12.667^{***}$
	年龄	-0.001	0.021	-0.002	-0.049	
	学历	0.012	0.023	0.021	0.502	
	居住时间	-0.031	0.022	-0.057	-1.442	
	月收入	0	0.021	0	-0.004	
	信任	-0.171	0.047	-0.247	-3.638	
	参与	0.057	0.041	0.083	1.400	
	规范	-0.038	0.047	-0.054	-0.805	
	m	0.42	0.067	0.303	6.278***	
	信任×m	0.106	0.062	0.108	1.722	
	参与×m	-0.044	0.056	-0.045	-0.793	
	规范×m	0.196	0.063	0.196	3.1210***	
舒适性	性别	0.02	0.065	0.011	0.303	$R^2=0.139$, $F=13.991^{***}$
	年龄	0.006	0.026	0.01	0.238	
	学历	-0.015	0.029	-0.022	-0.523	
	居住时间	-0.084	0.027	-0.124	-3.142	
	月收入	-0.011	0.026	-0.018	-0.447	
	信任	-0.039	0.058	-0.046	-0.668	
	参与	0.083	0.051	0.097	1.625	
	规范	-0.076	0.058	-0.089	-1.32	
	m	0.472	0.083	0.275	5.699***	
	信任×m	0.007	0.077	0.006	0.089	

续表

公共服务需求水平	变量	回归系数	标准误差	标准回归系数	t 值	模型统计量
舒适性	参与×m	-0.019	0.069	-0.016	-0.278	$R^2 = 0.139$, $F = 13.991^{***}$
	规范×m	0.274	0.078	0.221	3.522***	
整体	性别	0.062	0.046	0.049	1.344	$R^2 = 0.194$, $F = 22.007^{***}$
	年龄	-0.012	0.019	-0.026	-0.651	
	学历	0.018	0.021	0.037	0.9	
	居住时间	-0.028	0.019	-0.056	-1.465	
	月收入	-0.003	0.018	-0.005	-0.138	
	信任	-0.096	0.041	-0.152	-2.325	
	参与	0.046	0.036	0.072	1.273	
	规范	-0.011	0.041	-0.017	-0.269	
	m	0.435	0.059	0.345	7.418***	
	信任×m	0.028	0.054	0.031	0.514	
	参与×m	-0.007	0.049	-0.008	-0.152	
	规范×m	0.22	0.055	0.24	3.977***	

注：*表示 $p<0.05$，**表示 $p<0.01$，***表示 $p<0.001$；m 表示城南市居民和济南市居民。

随着社会资本中规范意识不断增强，济南市居民的公共服务需求水平会比城南市居民大幅上升。从社会发展途径来看，与城南市相比，济南市通过法律、公共制度来解决社会矛盾和社会问题的方式占比较少，因此遵守规范意识越高的济南市居民对公共服务的需求也比城南市更大。

从图 4-1 来看，在社会资本对居民公共服务需求水平的影响过程中，验证济南市居民和城南市居民是否具有调节效应。结果表明，社会资本中的规范维度具有调节效应，城南市居民的规范程度越高，公共服务需求水平几乎没有变化甚至越小，而济南市居民的规范程度越高，公共服务需求水平则会随之上升。另一方面，在公共服务的整体需求水平上，济南市居民是高于城南市居民的。

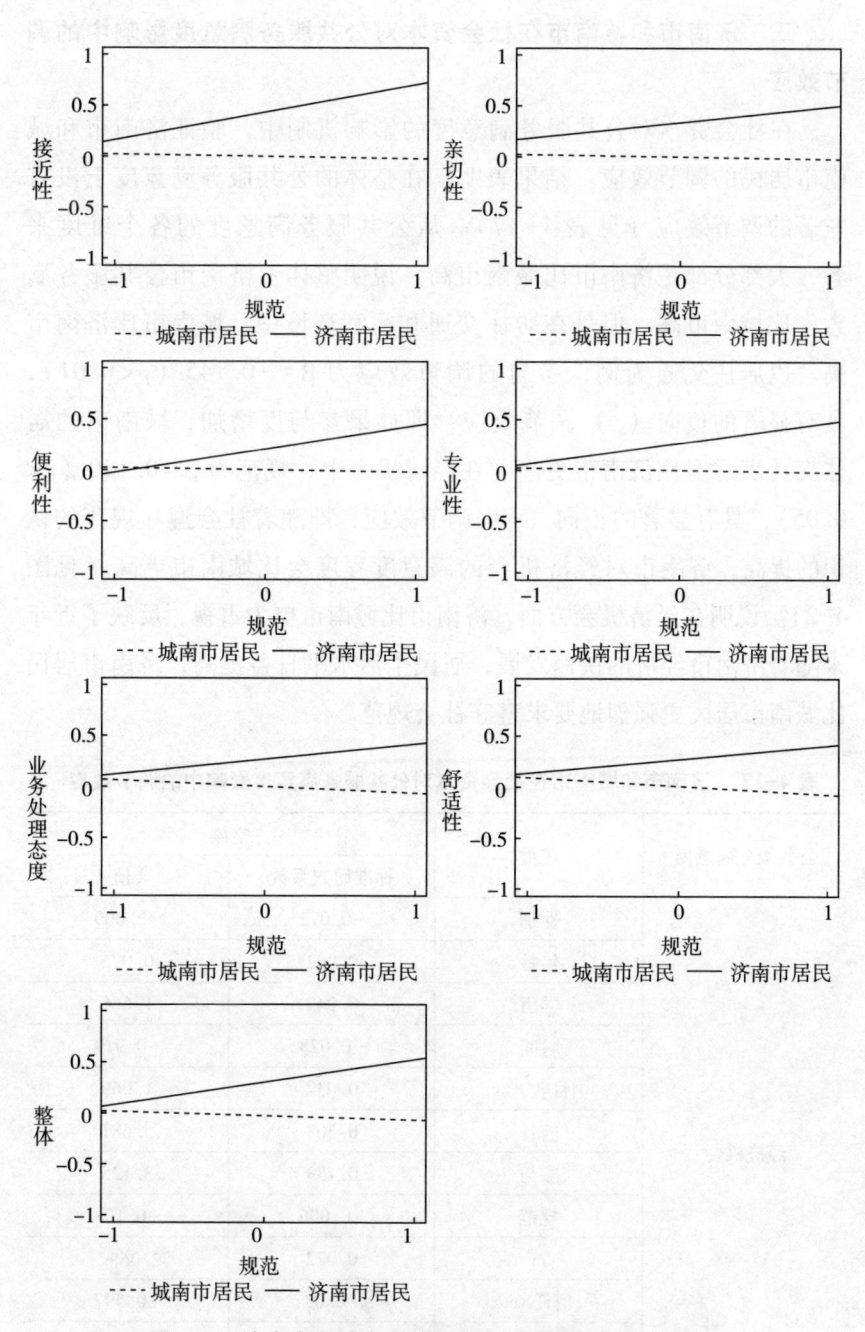

图 4-1 济南市和城南市的居民在社会资本对公共服务
需求水平影响中的调节效应

三 济南市和城南市在社会资本对公共服务满意度影响中的调节效应

在社会资本对公共服务满意度的影响机制中,验证济南市和城南市居民的调节效应。结果表明,在整体的公共服务满意度上没有显著的调节效应(见表4-17)。从公共服务满意度的各个维度来看,大部分都是济南市比城南市高,说明整体上济南市公共服务满意度比城南市高。但是在居住交通和福利环境中,城南市比济南市高。以居住交通为例,参与的调节效应为 $\beta=-0.145$($p<0.01$),具有显著的负向(-)调节效应,即如果参与度增加,城南市的居住交通满意度比济南市更高。在经济机会上,规范为 $\beta=0.120$($p<0.05$),具有显著的正向(+)调节效应,即随着社会遵守规范的认识的提高,济南市对经济机会的满意度程度会比城南市更高(见图4-2)。说明在经济机会方面,济南市比城南市更为重视,反映了近年来随着济南市经济的快速发展,居民生活水平日益提高,济南市居民比城南市居民更强烈地要求遵守社会规范。

表4-17 济南市和城南市在社会资本对公共服务满意度影响中的调节效应

公共服务满意度	变量	整体	
		标准回归系数	t值
经济机会	性别	-0.072	-2.609
	年龄	0.002	0.076
	学历	0.049	1.666
	时间	-0.028	-0.919
	月收入	0.032	1.069
	信任	0.308	5.681
	参与	0.153	3.125
	规范	-0.006	-0.104
	m	0.072	2.068*
	信任×m	-0.03	-0.597
	参与×m	-0.069	-1.466
	规范×m	0.12	2.200*

续表

公共服务满意度	变量	整体	
		标准回归系数	t值
居民安全	性别	-0.076	-2.792
	年龄	-0.012	-0.359
	学历	0.132	4.487
	时间	-0.023	-0.751
	月收入	0.018	0.62
	信任	0.121	2.236
	参与	0.094	1.929
	规范	0.275	4.688
	m	0.1	2.860*
	信任×m	0.03	0.593
	参与×m	-0.02	-0.431
	规范×m	-0.056	-1.036
居住交通	性别	-0.061	-2.164
	年龄	-0.028	-0.854
	学历	0.08	2.655
	时间	-0.051	-1.644
	月收入	0.07	2.286
	信任	0.155	2.782
	参与	0.211	4.22
	规范	0.188	3.12
	m	-0.094	-2.615*
	信任×m	0.062	1.184
	参与×m	-0.145	-3.022**
	规范×m	-0.079	-1.424
福利环境	性别	-0.009	-0.335
	年龄	-0.008	-0.234
	学历	0.046	1.528
	时间	-0.044	-1.397
	月收入	0.063	2.042

续表

公共服务满意度	变量	整体	
		标准回归系数	t 值
福利环境	信任	0.204	3.649
	参与	0.102	2.025
	规范	0.155	2.562
	m	−0.16	−4.434*
	信任×m	0.05	0.962
	参与×m	−0.036	−0.739
	规范×m	−0.019	−0.334
教育文化	性别	−0.012	−0.438
	年龄	0.024	0.718
	学历	0.036	1.184
	时间	−0.086	−2.737
	月收入	0.054	1.764
	信任	0.163	2.901
	参与	0.132	2.617
	规范	0.143	2.359
	m	0.053	1.47
	信任×m	0.002	0.04
	参与×m	−0.023	−0.474
	规范×m	0.008	0.141
政务服务	性别	−0.052	−1.855
	年龄	−0.02	−0.596
	学历	0.1	3.331
	时间	−0.036	−1.176
	月收入	−0.054	−1.771
	信任	0.161	2.926
	参与	0.041	0.828
	规范	0.234	3.885
	m	0.015	0.434
	信任×m	0.014	0.265

续表

公共服务满意度	变量	整体	
		标准回归系数	t值
政务服务	参与×m	-0.015	-0.307
	规范×m	-0.004	-0.074
整体	性别	-0.061	-2.349
	年龄	-0.01	-0.313
	学历	0.084	2.976
	时间	-0.037	-1.293
	月收入	0.04	1.414
	信任	0.283	5.48
	参与	0.143	3.098
	规范	0.21	3.74
	m	-0.003	-0.104
	信任×m	0.027	0.56
	参与×m	-0.042	-0.949
	规范×m	-0.013	-0.245

注：* 表示 p<0.05，** 表示 p<0.01，*** 表示 p<0.001；m 表示济南市和城南市。

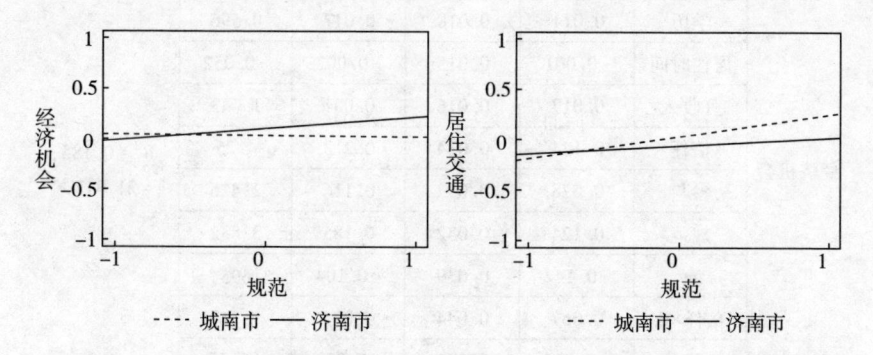

图 4-2 济南市和城南市在社会资本对公共服务满意度影响中的调节效应

第五节　公务员和居民在社会资本对公共服务满意度影响中的调节效应

在社会资本对公共服务满意度的影响过程中，对公务员和居民的调节效应进行了验证。在设定公务员和居民为调节变量时，将公务员设定为0，居民设定为1。

通过进行调节效应检验，分析结果显示（见表4-18），在大部分维度都具有负向（-）的调节效应，但是教育文化方面的规范维度为$\beta=-0.101$（$p<0.05$），即社会资本的规范上升的话，公务员对教育文化的满意度比居民的满意度有着更为正向的调节效应。政务服务方面的参与维度为$\beta=-0.117$（$p<0.05$），具有显著的负向（-）的调节效应。也就是说，如果规范上升，公务员对经济机会的满意度会比居民的满意度上升幅度大（见图4-3）。

表4-18　公务员和居民在社会资本对公共服务满意度影响中的调节效应

公共服务满意度	变量	回归系数	标准误差	标准回归系数	t值	模型统计量
经济机会	性别	-0.102	0.037	-0.076	-2.759	
	年龄	-0.005	0.016	-0.001	-0.325	
	学历	0.011	0.018	0.017	0.596	
	居住时间	-0.001	0.015	-0.002	-0.052	
	月收入	0.017	0.016	0.031	1.043	
	信任	0.144	0.034	0.213	4.25	$R^2=0.185$, $F=21.317^{***}$
	参与	0.078	0.032	0.116	2.426	
	规范	0.124	0.032	0.185	3.832	
	m	-0.142	0.039	-0.104	-3.695^{***}	
	信任×m	0.067	0.044	0.075	1.517	
	参与×m	-0.024	0.041	-0.028	-0.58	
	规范×m	-0.078	0.044	-0.086	-1.784	

续表

公共服务满意度	变量	回归系数	标准误差	标准回归系数	t值	模型统计量
居民安全	性别	-0.109	0.037	-0.081	-2.936	$R^2=0.195$, $F=22.771^{***}$
	年龄	-0.023	0.016	-0.043	-1.465	
	学历	0.059	0.018	0.097	3.325	
	居住时间	0.009	0.015	0.019	0.641	
	月收入	0.009	0.016	0.016	0.53	
	信任	0.098	0.044	0.144	2.872	
	参与	0.068	0.033	0.1	2.078	
	规范	0.163	0.033	0.24	4.976	
	m	0.144	0.039	-0.104	-3.693*	
	信任×m	0.002	0.044	0.002	0.045	
	参与×m	-0.016	0.041	-0.019	-0.398	
	规范×m	0.015	0.044	0.017	0.346	
居住交通	性别	-0.089	0.041	-0.062	-2.169	$R^2=0.125$, $F=13.340^{***}$
	年龄	0.013	0.018	0.022	0.733	
	学历	0.049	0.02	0.076	2.513	
	居住时间	-0.031	0.016	-0.058	-1.915	
	月收入	0.052	0.018	0.088	2.881	
	信任	0.126	0.038	0.174	3.344	
	参与	0.051	0.036	0.071	1.432	
	规范	0.11	0.036	0.152	3.035	
	m	-0.064	0.043	-0.044	-1.495	
	信任×m	0.028	0.049	0.029	0.571	
	参与×m	0.016	0.046	0.018	0.361	
	规范×m	-0.051	0.049	-0.052	-1.044	
福利环境	性别	-0.012	0.041	-0.008	-0.293	$R^2=0.136$, $F=14.880^{***}$
	年龄	0.036	0.017	0.063	2.075	
	学历	0.038	0.019	0.06	1.966	
	居住时间	-0.04	0.016	-0.077	-2.519	
	月收入	0.055	0.018	0.095	3.111	

续表

公共服务满意度	变量	回归系数	标准误差	标准回归系数	t值	模型统计量
福利环境	信任	0.128	0.037	0.018	3.444	$R^2 = 0.136$, $F = 14.880^{***}$
	参与	0.075	0.036	0.101	2.027	
	规范	0.111	0.036	0.156	3.113	
	m	-0.066	0.042	-0.046	-1.556	
	信任×m	0.05	0.048	0.054	1.041	
	参与×m	-0.054	0.045	-0.06	-1.203	
	规范×m	-0.054	0.048	-0.056	-1.126	
教育文化	性别	-0.025	0.041	-0.017	-0.602	$R^2 = 0.130$, $F = 15.116^{***}$
	年龄	0.007	0.018	0.013	0.423	
	学历	0.005	0.02	0.008	0.258	
	居住时间	-0.032	0.016	-0.059	-1.968	
	月收入	0.035	0.018	0.059	1.957	
	信任	0.078	0.037	0.108	2.008	
	参与	0.077	0.036	0.107	2.074	
	规范	0.175	0.036	0.243	4.886	
	m	-0.152	0.043	-0.104	-3.559*	
	信任×m	0.061	0.049	0.065	1.262	
	参与×m	0.008	0.045	0.009	0.177	
	规范×m	-0.099	0.048	-0.101	-2.037*	
政务服务	性别	-0.096	0.045	-0.057	-2.137	$R^2 = 0.230$, $F = 27.976^{***}$
	年龄	-0.002	0.019	-0.003	-0.106	
	学历	0.038	0.021	0.051	1.769	
	居住时间	0	0.018	0.001	0.025	
	月收入	-0.015	0.02	-0.021	-0.749	
	信任	0.1	0.0441	0.12	2.444	
	参与	0.09	0.039	0.109	2.321	
	规范	0.225	0.039	0.27	5.717	
	m	-0.048	0.047	-0.265	-9.601*	
	信任×m	0.024	0.053	0.022	0.449	
	参与×m	-0.125	0.049	-0.117	-2.533*	
	规范×m	-0.026	0.053	-0.023	-0.489	

续表

公共服务满意度	变量	回归系数	标准误差	标准回归系数	t值	模型统计量
整体	性别	-0.067	0.027	-0.065	-2.486	
	年龄	0.002	0.012	-0.006	0.21	
	学历	0.028	0.013	0.06	2.16	
	居住时间	-0.008	0.011	-0.021	-0.756	
	月收入	0.024	0.012	0.056	2.034	
	信任	0.134	0.025	0.257	5.407	$R^2=0.273$, $F=35.332^{***}$
	参与	0.076	0.024	0.146	3.212	
	规范	0.126	0.024	0.242	5.306	
	m	-0.131	0.028	-0.124	-4.634*	
	信任×m	0.029	0.032	0.042	0.819	
	参与×m	-0.036	0.03	-0.054	-1.211	
	规范×m	-0.032	0.032	-0.145	-0.992	

注：* 表示 $p<0.05$，** 表示 $p<0.01$，*** 表示 $p<0.001$；m 表示公务员和居民。

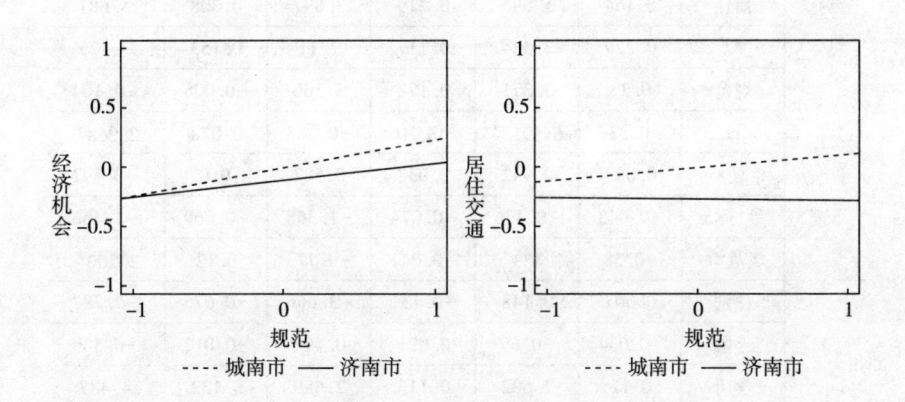

图 4-3 公务员和居民在社会资本对公共服务满意度影响中的调节效应

社会资本对公共服务满意度影响机制中，验证公务员和居民的调节效应，结果显示济南市的公务员和居民之间没有显著的调节效应，而城南市的公务员和居民则在经济机会和福利环境、教育文化的规范维度方面有着负向（-）的调节效应；公务员和居民的参与度在福利环境方面具有负向（-）的调节效应。说明随着规范上升，城南市公务员比居民的经济机会、福利环境、教育文化方面的公共服务满意度会上升；而参与上升的话，公务员对福利环境的满意度比居民的满意度上升更快。将其整理为图 4-4。

表 4-19　济南市和城南市的公务员和居民在社会资本对公共服务满意度影响中的调节效应

公共服务	变量	城南市		济南市		整体	
		标准回归变量	t 值	标准回归变量	t 值	标准回归变量	t 值
经济机会	性别	-0.064	-1.484	-0.067	-1.866	-0.072	-2.609
	年龄	0.011	0.228	-0.01	-0.244	0.002	0.076
	学历	0.081	1.849	0.045	1.066	0.049	1.666
	居住时间	-0.07	-1.561	0.04	0.942	-0.028	-0.919
	月收入	-0.017	-0.379	0.072	1.905	0.032	1.069
	信任	0.164	1.696	0.219	3.897	0.308	5.681
	参与	0.229	2.324	0.117	2.11	0.153	3.125
	规范	0.37	3.371	0.178	3.366	-0.006	-0.104
	m	-0.337	-6.591***	-0.016	-0.383	0.072	2.068*
	信任×m	0.093	0.942	0.032	0.587	-0.03	-0.597
	参与×m	-0.043	-0.436	-0.074	-1.368	-0.069	-1.466
	规范×m	-0.38	-3.433***	-0.041	-0.773	0.12	2.200*
居民安全	性别	0.007	0.148	-0.131	-3.666	-0.076	-2.792
	年龄	-0.034	-0.69	0.021	0.496	-0.012	-0.359
	学历	0.12	2.602	0.113	2.689	0.132	4.487
	居住时间	0.048	1.032	-0.059	-1.403	-0.023	-0.751
	月收入	-0.021	-0.462	0.049	1.309	0.018	0.62
	信任	0.059	0.584	0.169	3.016	0.121	2.236
	参与	0.183	1.762	0.053	0.964	0.094	1.929
	规范	0.346	2.988	0.199	3.775	0.275	4.688
	m	-0.16	-2.965**	-0.069	-1.702	0.1	2.860*

续表

公共服务	变量	城南市		济南市		整体	
		标准回归变量	t值	标准回归变量	t值	标准回归变量	t值
居民安全	信任×m	0.041	0.389	-0.019	-0.347	0.03	0.593
	参与×m	-0.091	-0.877	-0.002	-0.032	-0.02	-0.431
	规范×m	-0.075	-0.643	0.004	0.073	-0.056	-1.036
居住交通	性别	-0.051	-1.135	-0.066	-1.809	-0.061	-2.164
	年龄	-0.07	-1.452	0	0.009	-0.028	-0.854
	学历	0.109	2.4	0.054	1.25	0.08	2.655
	居住时间	-0.06	-1.283	-0.03	-0.705	-0.051	-1.644
	月收入	0.055	1.215	0.085	2.229	0.07	2.286
	信任	0.057	0.571	0.193	3.381	0.155	2.782
	参与	0.224	2.172	0.042	0.751	0.211	4.22
	规范	0.373	3.255	0.117	2.171	0.188	3.12
	m	-0.138	-2.590*	-0.057	-1.371	-0.094	-2.615*
	信任×m	0.07	0.675	0.039	0.701	0.062	1.184
	参与×m	0.014	0.132	-0.032	-0.576	-0.145	-3.022**
	规范×m	-0.216	-1.873	-0.04	-0.739	-0.079	-1.424
福利环境	性别	0.096	2.154	-0.059	-1.637	-0.009	-0.335
	年龄	0.021	0.432	-0.017	-0.407	-0.008	-0.234
	学历	0.058	1.269	0.014	0.336	0.046	1.528
	居住时间	-0.019	-0.407	-0.039	-0.907	-0.044	-1.397
	月收入	-0.005	-0.117	0.1	2.629	0.063	2.042
	信任	0.027	0.267	0.202	3.553	0.204	3.649
	参与	0.296	2.877	0.089	1.596	0.102	2.025
	规范	0.453	3.957	0.143	2.675	0.155	2.562
	m	-0.235	-4.400***	-0.049	-1.188	-0.16	-4.434*
	信任×m	0.175	1.696	0.053	0.961	0.05	0.962
	参与×m	-0.214	-2.090*	-0.059	-1.064	-0.036	-0.739
	规范×m	-0.314	-2.718**	-0.022	-0.4	-0.019	-0.334

续表

公共服务	变量	城南市 标准回归变量	t值	济南市 标准回归变量	t值	整体 标准回归变量	t值
教育文化	性别	0.041	0.895	-0.048	-1.316	-0.012	-0.438
	年龄	0.033	0.655	0.009	0.209	0.024	0.718
	学历	0.036	0.762	0.014	0.326	0.036	1.184
	居住时间	-0.09	-1.876	-0.046	-1.071	-0.086	-2.737
	月收入	0.06	1.272	0.06	1.57	0.054	1.764
	信任	-0.048	-0.46	0.151	2.639	0.163	2.901
	参与	0.214	2.011	0.072	1.271	0.132	2.617
	规范	0.403	3.407	0.209	3.873	0.143	2.359
	m	-0.199	-3.608***	-0.073	-1.753	0.053	1.47
	信任×m	0.196	1.846	0.006	0.115	0.002	0.04
	参与×m	-0.084	-0.79	0.032	0.57	-0.023	-0.474
	规范×m	-0.289	-2.430*	-0.077	-1.418	0.008	0.141
政务服务	性别	0.039	0.869	-0.114	-3.361	-0.052	-1.855
	年龄	-0.064	-1.323	-0.01	-0.265	-0.02	-0.596
	学历	0.088	1.941	-0.012	-0.313	0.1	3.331
	居住时间	0.007	0.155	0.001	0.021	-0.036	-1.176
	月收入	-0.072	-1.584	-0.002	-0.046	-0.054	-1.771
	信任	0.063	0.629	0.129	2.423	0.161	2.926
	参与	0.245	2.376	0.054	1.042	0.041	0.828
	规范	0.346	3.024	0.222	4.429	0.234	3.885
	m	-0.217	-4.056***	-0.35	-9.061***	0.015	0.434
	信任×m	0.083	0.805	0.024	0.463	0.014	0.265
	参与×m	-0.204	-1.989	-0.086	-1.668	-0.015	-0.307
	规范×m	-0.103	-0.889	0.035	0.687	-0.004	-0.074
整体	性别	0.015	0.356	-0.103	-3.056	-0.061	-2.349
	年龄	-0.019	-0.416	-0.008	-0.215	-0.01	-0.313
	学历	0.102	2.437	0.042	1.048	0.084	2.976
	居住时间	-0.031	-0.717	-0.004	-0.111	-0.037	-1.293

续表

公共服务	变量	城南市		济南市		整体	
		标准回归变量	t 值	标准回归变量	t 值	标准回归变量	t 值
整体	月收入	0.013	0.321	0.071	1.989	0.04	1.414
	信任	0.122	1.309	0.276	5.209	0.283	5.48
	参与	0.279	2.94	0.119	2.275	0.143	3.098
	规范	0.479	4.533	0.205	4.113	0.21	3.74
	m	−0.257	−5.210***	−0.109	−2.816***	−0.003	−0.104
	信任×m	0.139	1.468	0.017	0.324	0.027	0.56
	参与×m	−0.123	−1.305	−0.06	−1.178	−0.042	−0.949
	规范×m	−0.28	−2.635*	−0.016	−0.308	−0.013	−0.245

注：*表示 $p<0.05$，**表示 $p<0.01$，***表示 $p<0.001$；m 表示公务员和居民。

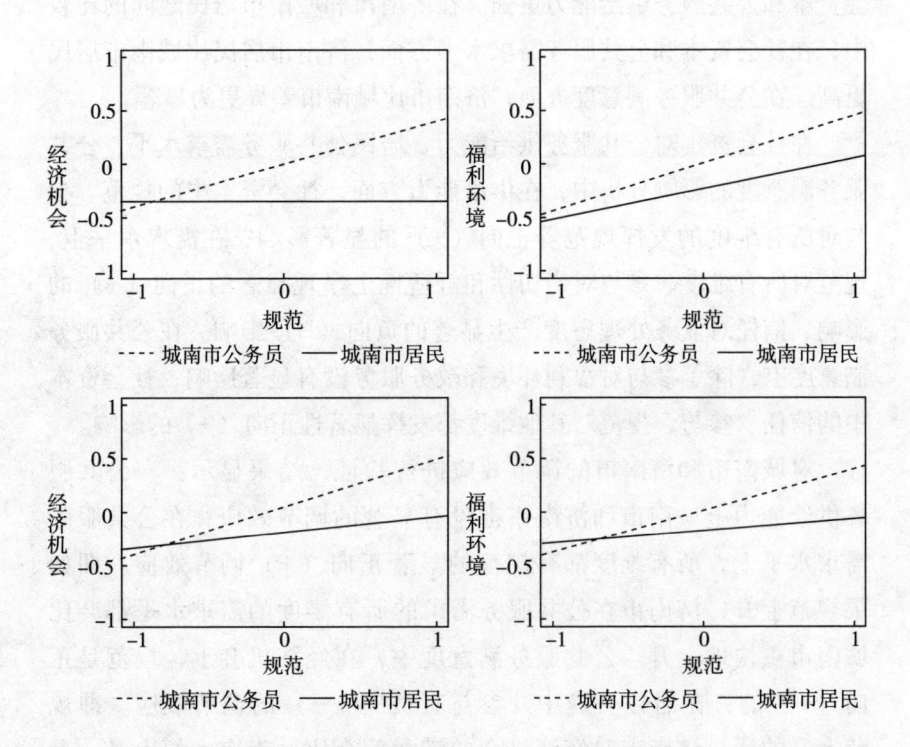

图 4-4　城南市的公务员和居民在社会资本对公共服务满意度影响中的调节效应

第六节 实证分析综述

实证分析结果显示（见表4-20），在T检验中，正向（+）是城南市比济南市有显著性的情况，而负向（-）是济南市比城南市有显著性的情况。在回归分析中，正向（+）是指因变量随与自变量之间呈现变化趋势一致的显著性影响，而负向（-）是指因变量随与自变量之间呈现变化趋势相反的显著性影响。对于验证调节效果的层次回归分析，正向（+）的情况是济南市比城南市反应更强烈，而负向（-）的情况是城南市比济南市反应更强烈。

分析结果显示，济南市和城南市公务员相比，济南市公务员的社会资本和公共服务供给能力更强。在济南市和城南市居民之间的比较中，在社会资本和公共服务需求水平方面，济南市居民比城南市居民更高。在公共服务满意度方面，济南市比城南市差异更为显著。

在社会资本对公共服务供给能力、居民公共服务需求水平、公共服务满意度的影响分析中，在供给能力方面，社会资本中的规范、参与对所有维度的发挥规范着正向（+）的显著影响；在需求水平上，规范对所有维度、参与对亲切性和舒适性上呈现显著的正向（+）的影响，信任对业务处理态度产生显著的负向（-）影响。在公共服务满意度上，除了参与对福利环境和政务服务没有显著影响，社会资本中的信任、参与、规范对其他维度都发挥显著性正向（+）的影响。

对城南市和济南市的调节效应进行验证，结果显示：在公共服务供给能力上城南市和济南市都没有显著的调节效应；在公共服务需求水平上，所有维度都有规范的显著正向（+）调节效应。即如果规范上升，济南市在公共服务需求的所有维度的需求水平都会比城南市更快地上升。公共服务满意度中，在经济机会上，规范是正向（+）的；在居住交通中，参与有负向（-）的调节效应。即规范上升的话，济南市对经济机会的满意度会比城南市大幅上升，参与上升的话，城南市的满意度会比济南市大幅上升。

表 4-20 实证分析综述

t 检验

研究对象	变量	维度	结果
济南市、城南市公务员	社会资本	信任	-
		参与	-
		规范	-
		整体	-
	公共服务供给能力	专业性	-
		解决问题	-
		沟通能力	-
		调整、整合	-
		业务推进	-
		宣传能力	-
		道德品质	-
		居民需求导向性	-
		整体	-
济南市、城南市居民	社会资本	信任	-
		参与	-
		规范	-
		整体	-
	公共服务供给能力	易接近性	-
		亲切性	-
		便利性	-
		专业性	-
		业务处理态度	-
		舒适性	-
		整体	-
济南市、城南市	公共服务满意度	经济机会	-
		居民安全	-
		居住交通	-
		福利环境	+
		教育环境	-
		政务服务	-
		整体	-

续表

回归分析

因变量	维度	自变量	结果	因变量	维度	自变量	结果	因变量	维度	自变量	结果
公共服务供给能力	专业性	信任	+	公共服务需求水平	易接近性	信任		公共服务满意度	经济机会	信任	+
		参与	+			参与	+			参与	+
		规范	+			规范				规范	+
	解决问题	信任	+		亲切性	信任	+		居民安全	信任	+
		参与	+			参与				参与	+
		规范	+			规范	+			规范	+
	沟通能力	信任	+		便利性	信任			居住交通	信任	+
		参与	+			参与	+			参与	+
		规范	+			规范				规范	+
	调整、整合	信任	+		专业性	信任	+		福利环境	信任	+
		参与	+			参与				参与	+
		规范	+			规范				规范	+
	业务推进	信任	+		业务处理态度	信任	−		教育文化	信任	+
		参与	+			参与				参与	+
		规范	+			规范	+			规范	+

第四章　分析结果及假设验证

回归分析

因变量	维度	自变量	结果
公共服务供给能力	宣传能力	信任	+
		参与	+
		规范	+
	道德品质	信任	+
		参与	+
		规范	+
公共服务需求水平	居民需求导向性	信任	+
		参与	+
		规范	+
	整体	信任	+
		参与	+
		规范	+

续表

因变量	维度	自变量	结果
公共服务需求水平	舒适性	信任	
		参与	+
		规范	+
	整体	信任	
		参与	+
		规范	
公共服务满意度	政务服务	信任	+
		参与	+
		规范	+
	整体	信任	+
		参与	+
		规范	+

续表

回归分析（调节效应）

因变量	维度	调节变量：济南市和城南市		
		自变量	结果	
公共服务供给能力	专业性	信任		
		参与		
		规范		
	解决问题	信任		
		参与		
		规范		
	沟通能力	信任		
		参与		
		规范		
	调整、整合	信任		
		参与		
		规范		
	业务推进	信任		
		参与		
		规范		
公共服务需求水平	易接近性	信任	−	
		参与		
		规范		
	亲切性	信任		
		参与	+	
		规范		
	便利性	信任		
		参与		
		规范	+	
	专业性	信任		
		参与	+	
		规范		
	业务处理态度	信任		
		参与	+	
		规范		
公共服务满意度	经济机会	信任		
		参与	+	
		规范		
	居民安全	信任		
		参与		
		规范		
	居住交通	信任	−	
		参与		
		规范		
	福利环境	信任		
		参与		
		规范		
	教育文化	信任		
		参与		
		规范		

续表

回归分析（调节效应）

调节变量：济南市和城南市			
因变量	维度	自变量	结果
公共服务供给能力	宣传能力	信任	
		参与	
		规范	
	道德品质	信任	
		参与	
		规范	
	居民需求导向性	信任	
		参与	
		规范	
	整体	信任	
		参与	
		规范	

调节变量：济南市和城南市			
因变量	维度	自变量	结果
公共服务需求水平	舒适性	信任	
		参与	
		规范	+
	整体	信任	
		参与	
		规范	+

调节变量：济南市和城南市			
因变量	维度	自变量	结果
公共服务满意度	政务服务	信任	
		参与	
		规范	
	整体	信任	
		参与	
		规范	

表4-21整理了城南市和济南市的比较分析。在调节效果上，正向（+）意味着居民比公务员的影响程度更大，而负向（-）意味着公务员比居民的影响程度更大。

在回归分析方面，在公共服务供给能力中，城南市的规范在除了宣传能力外的其他领域都有正向（+）的影响效果，信任对协调整合、业务推进力、道德品质领域有正向（+）的影响；而在济南市，社会资本中的参与、规范在所有领域都有正向（+）的影响。在居民公共服务需求水平上，城南市的信任在专业性和业务处理态度上有负向（-）的影响，而济南市的信任在易接近性、亲切性、便利性上有负向（-）的影响，规范在公共服务需求的所有领域都有正向（+）的影响。在公共服务满意度方面，城南市在大部分领域都有社会资本的信任、参与、规范的影响，济南市在大部分领域都有信任和规范的影响。

从社会资本对公共服务满意度的影响来看，济南市和城南市的公务员和居民的调节效应表现为，规范对于城南市的经济机会、福利环境、教育文化具有负向（-）的调节效应，参与对于福利环境方面有负向（-）的调节效应。但是在济南市，公务员和居民之间没有显著的调节效应。即意味着在城南市，当规范上升时，公务员比居民在经济机会、福利环境、教育文化中对公共服务的满意度会更快地上升。

表4-21　　　　　　　　济南市和城南市比较分析整理

因变量	维度	回归分析（济南市和城南市比较）			
		城南市		济南市	
		自变量	结果	自变量	结果
公共服务供给能力	专业性	信任		信任	+
		参与		参与	+
		规范	+	规范	+

续表

回归分析（济南市和城南市比较）					
因变量	维度	城南市		济南市	
^	^	自变量	结果	自变量	结果
公共服务供给能力	解决问题	信任		信任	
^	^	参与		参与	+
^	^	规范	+	规范	+
^	沟通能力	信任		信任	
^	^	参与		参与	+
^	^	规范	+	规范	+
^	调整、整合	信任	+	信任	
^	^	参与		参与	+
^	^	规范	+	规范	+
^	业务推进	信任	+	信任	
^	^	参与		参与	+
^	^	规范	+	规范	+
^	宣传能力	信任		信任	
^	^	参与	+	参与	+
^	^	规范		规范	+
^	道德品质	信任	+	信任	
^	^	参与		参与	+
^	^	规范	+	规范	
^	居民需求导向性	信任		信任	+
^	^	参与		参与	+
^	^	规范	+	规范	
^	整体	信任	+	信任	+
^	^	参与	+	参与	+
^	^	规范	+	规范	+
公共服务需求水平	易接近性	信任		信任	−
^	^	参与		参与	
^	^	规范		规范	+

续表

回归分析（济南市和城市比较）				
		城南市		济南市	
因变量	维度	自变量	结果	自变量	结果
公共服务需求水平	亲切性	信任		信任	-
		参与		参与	
		规范		规范	+
	便利性	信任		信任	-
		参与		参与	
		规范		规范	+
	专业性	信任	-	信任	
		参与		参与	
		规范		规范	+
	业务处理态度	信任	-	信任	
		参与		参与	
		规范		规范	+
	舒适性	信任		信任	
		参与		参与	
		规范		规范	+
	整体	信任		信任	-
		参与		参与	
		规范		规范	+
公共服务满意度	经济机会	信任	+	信任	+
		参与	+	参与	
		规范		规范	+
	居民安全	信任	+	信任	+
		参与		参与	
		规范	+	规范	+
	居住交通	信任	+	信任	+
		参与	+	参与	
		规范	+	规范	+

续表

回归分析（济南市和城南市比较）

因变量	维度	自变量（城南市）	结果	自变量（济南市）	结果
公共服务满意度	福利环境	信任	+	信任	+
		参与	+	参与	
		规范	+	规范	+
	教育文化	信任	+	信任	+
		参与	+	参与	+
		规范	+	规范	+
	政务服务	信任	+	信任	+
		参与		参与	
		规范	+	规范	+
	整体	信任	+	信任	+
		参与	+	参与	+
		规范	+	规范	+

层次回归分析：社会资本对公共服务满意度的影响

调节变量	维度	城南市		济南市	
公务员和居民	经济机会	信任		信任	
		参与		参与	
		规范	−	规范	
	居民安全	信任		信任	
		参与		参与	
		规范		规范	
	居住交通	信任		信任	
		参与		参与	
		规范		规范	
	福利环境	信任		信任	
		参与	−	参与	
		规范	−	规范	

续表

层次回归分析：社会资本对公共服务满意度的影响					
调节变量	维度	城南市		济南市	
公务员和居民	教育文化	信任		信任	
		参与		参与	
		规范	—	规范	
	政务服务	信任		信任	
		参与		参与	
		规范		规范	
	整体	信任		信任	
		参与		参与	
		规范		规范	

第五章　研究结果与讨论

第一节　研究结果

　　社会资本作为社会黏合剂，是协调人与人、人与组织之间关系的一种力量。[①] 如果社会资本存量较高，那么就会减少不必要的社会矛盾，减少政府不必要的公共财政支出。本研究的目的是探究公共服务中社会资本的重要性，以及社会资本对公共服务供给能力和居民需求水平以及公共服务满意度的影响机制。基于此，本书提出了研究假设，并选择中国山东省济南市的历下区、章丘区和商河县3个区/县，与韩国京畿道城南市盆唐区和寿井区2个区，比较了两市之间各个变量的差异，同时以公务员和居民为对象进行了问卷调查。

　　通过研究，我们可以确认的是，无论济南市还是城南市，社会资本对公共服务的供给，以及居民的需求水平，都有一定的影响。从整体趋势上来看：对于济南市公务员而言，社会资本的参与和规范对公共服务供给的所有维度都有显著的正向影响；对城南市公务员而言，除了参与之外，社会资本的信任和规范对公务员的公共服务供给能力有着显著的正向影响。

[①] 苏镇光：《社会资本形成的区域社会发展逻辑》，《地域社会发展》1999年第1期。

整体来看，社会资本对居民公共服务需求水平的影响效果不大。在济南市，社会资本对居民公共服务需求水平的影响效果相对明显，尤其是规范会对需求水平产生一定程度的影响。在城南市，社会资本中的规范对居民公共服务需求水平几乎没有影响。

社会资本对居民的公共服务满意度有重要的影响。分析结果显示，除了一部分无效统计之外，在济南市和城南市，社会资本中的信任和规范可以有效提高居民对公共服务的满意度。在信任方面，济南市的回归系数高于城南市，而在规范方面，城南市的回归系数高于济南市。

社会资本中的规范、信任两个维度在济南市、城南市公共服务的满意度的影响方面发挥着重要作用。在济南市，社会资本中的规范对居民的需求水平有着重要影响；而在城南市，社会资本中的规范却对居民的公共服务满意度有着较大影响。

将以上研究的结果具体整理如下。

第一，在社会资本和公共服务供给能力的所有领域，济南市公务员的调查结果比城南市公务员的调查结果更为显著。通过分析社会资本和居民公共服务需求水平可知，城南市居民和济南市居民之间亦存在显著性差异。

第二，济南市和城南市居民的社会资本和整体公共服务满意度上的差异分析结果显示，在社会资本方面，济南市的显著性水平高于城南市。在公共服务满意度方面，经济机会、居民安全、教育环境、政务服务中，济南市的显著性水平高于城南市；但是在福利环境方面，城南市的显著性水平高于济南市；在居住交通方面，济南市和城南市之间没有显著的差异。本研究进一步分析了公务员和居民的差异，结果显示除了社会资本的规范外，社会资本和公共服务满意度的所有领域中，公务员的评价比居民的评价更高。

第三，在信任和参与方面，公务员的显著性水平高于居民，但是在规范方面没有显著的差异。具体到两市间对比，城南市更注重信任，济南市则更注重参与，且公务员的显著性水平高于居民。

第四，整体上社会资本中的信任、参与方面，公务员的显著性水平高于居民；公共服务满意度中经济机会、居民安全、居住交通、福利环境、教育环境、行政服务均呈现公务员高于居民的情况。就济南市而言，在参与度方面，公务员的参与水平高于居民；就城南市而言，在社会资本的信任维度中，公务员表现出高于居民的积极性，在公共服务满意度中，除了居住交通，其他维度方面公务员水平明显高于居民。

第五，除了信任对宣传能力没有显著影响，社会资本的各个维度（信任、参与以及规范）对公共服务供给能力的所有维度都有显著的正向（+）影响，即当公务员的信任、参与、规范水平上升时，公务员对公共服务供给能力的影响作用也会有显著的提高。从标准回归系数来看，规范、参与、信任都对公共服务供给能力产生较大影响；其中规范的影响作用最大，参与次之，信任最小。济南市和城南市相比而言，济南市公务员的参与和规范对所有维度都有显著的正向（+）的影响，而在城南市，公务员社会资本中的信任和规范对公共服务供给能力的各个维度有着显著的正向影响。

第六，社会资本中的规范对居民公共服务需求水平的所有维度都有显著的正向（+）影响，但社会资本中的信任仅对业务处理态度存在显著的负向（-）影响，而对其他维度没有显著的影响。社会资本的参与对居民公共服务需求水平中的亲切性和舒适性维度具有显著的影响。因此，当居民社会资本中规范度上升时，居民公共服务需求水平所有维度都有显著的上升；而当居民的信任程度上升时，公务员对业务处理态度的评价会有显著的下降；当居民社会资本的参与水平上升时，居民公共服务需求水平的亲切性和舒适性也会有显著的上升。对济南市和城南市的居民进行比较分析，济南市居民的规范对公共服务需求水平所有维度都具有正向（+）的影响，信任对公共服务需求中的接近性、亲切性和便利性具有负向（-）影响；对于城南市居民来说，信任对公务员的专业性和业务处理态度都有着显著的影响。

第七，验证了社会资本对公共服务满意度的影响，当社会资本的信任、参与、规范水平上升时，公共服务满意度所有维度都会有显著的影响。从济南市和城南市的对比分析来看，在城南市，规范除了对经济机会、参与对居民安全和行政服务没有影响作用，其他的都有显著的正向（+）影响；在济南市，参与对经济机会、居民安全、居住交通、福利环境和政务服务没有显著的影响，其他的都有显著的正向（+）影响。

第八，在社会资本对公共服务供给能力的影响作用机制中，对城南市公务员和济南市公务员的调节效应进行验证。结果显示，城南市公务员公共服务供给能力中的解决问题和居民需求导向性评价和济南市公务员有显著的差异，而在专业性方面，济南市公务员比城南市公务员更显著。但是在公共服务供给能力的各个维度中，都没有显著的调节效应。在社会资本对居民公共服务需求水平的影响作用机制中，对城南市居民和济南市居民的调节效应进行了验证。结果显示，在公共服务需求的各个维度，济南市居民对公共服务的需求比城南市居民更高，如果济南市居民的社会资本中的规范度提高，那么公共服务需求水平就会比城南市居民有更大程度的上升；城南市居民的规范水平越高，对公共服务需求水平就会降低，但济南市居民的规范水平上升的话，公共服务需求水平就会随之上升。

第九，验证了济南市、城南市对地方政府所提供公共服务满意度的调节效应。结果显示，在大部分领域，总体上济南市对公共服务的满意度高于城南市，但在居住交通和福利环境方面，城南市对公共服务的满意度比济南市要高。同时，参与对居住交通方面有负向（-）的调节效果，规范对经济机会方面有正向（+）的调节效果。也就是说，如果对遵守规范的认识越高，济南市对经济机会的满意度就会比城南市更高，如果参与度增加，城南市对居住交通的满意度就会比济南市更大。在经济机会上，随着济南经济的快速发展，济南市居民对遵守规范的诉求比城南市居民更强，如果能够提供满足民众的这一要求，济南市居民的公共服务满意度将会比城南市更高。另外，提高城南市居住交通水平更符合城南市民众的期望。

第十，在社会资本对公共服务满意度的影响作用中，验证了公务员和居民的调节效应。结果显示，在教育文化方面具有显著的调节效应，即如果社会资本的规范水平上升，公务员对在教育文化方面的满意度会比居民对在教育文化方面的满意度更高。同时，参与水平提高的话，公务员在政务服务方面的满意度方面比居民对政务服务方面的满意度更高。对公务员和居民的调节效应分析可知：在济南市，公务员和居民没有呈现出显著的调节效应；但是在城南市，社会资本中的规范对经济机会、福利环境和教育文化都有显著的负向（-）调节效应，即在城南市，随着社会规范意识的提高，公务员对经济机会、福利环境、教育文化领域的满意度会大幅上升。

第二节 讨论

本书的结果表明，济南市公务员和居民的社会资本对公共服务供给能力、公共服务需求水平以及公共服务满意度方面都有显著的影响及差异。

第一，济南市的社会资本呈现出比城南市高的结果，可以看作是济南市和城南市的历史、政治、文化、经济背景差异造成的，也可以理解为济南市和城南市在社会结构上的差异。济南市的主要问题体现在居民的公共参与尚有提高空间，而城南市的主要问题体现在居民对公共服务的期待和实际的公共服务供给之间还存在着较大的差距。济南市在公共服务提供中更加注重"为人民服务"的价值理念，对社会资本的重视度较城南市更高。因而在社会资本和公共服务满意度评价方面，济南市的居民公共服务需求水平和公共服务满意度水平均高于城南市。

第二，在公共服务满意度方面，在居住交通维度上，济南市和城南市之间没有显著的差异，济南市在经济机会、居民安全、教育环境、行政服务方面高于城南市。而在福利环境方面，城南市高于济南市。这种差异可能源于接受给定的现实满意度和期待值之间差距的限制。仅仅通过问卷调查来分析社会资本，很难区分认知和态度、态度和行为。如果是对地方政府公共服务供给的期待值高，问卷的回答可能会出现消极的结果，也很有可能会出现顺从性的回答。

在经济发展之前，居民对于公共服务的需求较低，伴随着经济的发展，公共服务供给能力提升，居民对公共服务的需求也呈现出增长趋势。济南市的经济发展晚于城南市，大部分居民都对政府部门提供的公共服务表示满意。如果经济发展达到一定水平，随之而来的是对公共福利需求增大，相应地，居民对公共福利的关心度也会提高。城南市对福利社会需求的关注度相对较高，因此也更加重视福利环境等公共服务的提供。因此，城南市在福利领域的公共服务满意度比济南市高是有据可循的。

从社会资本对公共服务满意度影响中公务员和居民的差异来看，除了社会资本的规范维度外，公务员的回答分值都比居民的回答分值高，这是问卷调查时经常出现的现象。公务员对自己所负责的公共服务的提供往往会呈现出较高的满意度，且由于公务员身处行政体制内，对问卷的问题往往会有更高的评价，只有针对社会资本的规范维度时，公务员和居民的评价相似，这主要是因为两个主体都较为重视社会秩序。

第三，公务员社会资本中，规范、参与、信任会带动公务员公共服务供给能力的提升，其中规范的影响作用最大，参与其次，然后是信任。当居民社会资本的规范度上升时，居民的公共服务需求水平也会显著上升，然而信任和参与总体上对公共服务的需求水平没有显著影响。

社会资本的规范对于公共服务供给能力和居民公共服务需求水

平来说都是非常重要的影响因素,这体现了两市都重视社会秩序,因而呈现保守倾向,并且根据社会资本水平产生公共服务供给能力和需求水平。但在最终的公共服务满意度中,可以看出社会资本的信任、参与和规范会对其产生不同水平的影响。也就是说,在最终公共服务满意度中,除了公务员的供给能力和居民的需求水平之外,还受到社会结构等方面的影响。

从济南、城南两市的比较结果来看,济南市公务员社会资本中的参与和规范对公共服务供给能力有着正向(+)的影响;在城南市,参与对公共服务供给能力没有显著的影响,而社会资本中的信任、规范维度对公共服务供给能力有着显著的影响。济南市和城南市公务员间的信任对公共服务供给能力没有影响。在城南市,公务员的政治活动或社会活动参与在公共服务供给过程中可能存在争议。

在居民的公共服务需求水平方面,济南市和城南市的信任对公共服务的需求水平均具有负向(-)影响,信任对公共服务需求水平的提高有负向影响。与此相反,如果规范水平越高,就会强烈要求提高公共服务供给。

社会资本中的规范对居民公共服务需求水平具有积极的影响,这反映了居民对安全和治安的基本诉求。另一方面,居民会对公共领域不透明、腐败等现象产生不满。另外,从居民、公务员的信任的角度来看,如果居民对公务员的信任度提高,可以认为济南市居民对政府的不满就会越低,即政府信任得到增加,城南市亦然。

在对地方政府公共服务的满意度评价中,城南市的参与对经济机会,规范对居民安全、政务服务中几乎没有影响作用;就济南市而言,参与对经济机会、居民安全、居住交通、福利环境和政务服务亦没有影响作用。虽然济南市和城南市的社会资本对公共服务满意度的影响存在差异,但大部分表现出一致的现象。也就是说,济南市比城南市更要求具有实践性的公共服务形态,相比之下,城南市的地区治安或遵守法律方面的公共服务比济南市高。

第四，在社会资本对公共服务供给能力产生的影响中，城南市和济南市公务员之间没有显著的调节效应。由此来看，虽然两市之间具有历史、政治、文化、经济上的差异，但是公务员都具有一定的保守性的倾向。因此，每个公务员自身的社会资本差异对公共服务供给能力具有显著的影响，两市在此方面没有差异。公务员对自己的工作有相对肯定的评价，居民则有消极评价的倾向，容易出现偏差；且在问卷调查中，调查对象可能会对个人信息安全产生担心，因而容易对问题给予过高的评价。由于是向公务员本人调查公务员公共服务供给能力的结果，因此可能存在利己性选择。但是可以看出，城南市公务员注重解决问题的能力，而济南市公务员更专注于专业性。

对于济南市和城南市的居民来说，在社会资本对居民公共服务需求水平的影响中，规范在济南市和城南市居民之间有显著的调节效应，济南市居民呈现出显著的正向（+）的影响，而在城南市却几乎没有影响，甚至呈现出负向（-）的影响。即在社会规范方面，济南市随着市场经济的发展，传统与现有的理念和文化发生冲突，从而对提供社会规范的诉求较高。济南市较城南市来说，越是遵守规范意识越高的济南市居民，对公共服务需求的水平比城南市更强烈。

比较济南市、城南市的社会资本对公共服务满意度的影响差异，发现在公共服务满意度整体上没有显著的调节效应。如果遵守社会规范的意识越强烈，济南市对经济机会的满意度就会比城南市更高。可以认为，济南市比城南市更加重视经济机会，这反映出济南市的开放带来高速的经济发展。在此过程中，济南市居民比城南市居民更强烈得要求遵守规范，济南市居民对这一需求更加重视。城南市在居住交通方面，反映了居住和交通在居民的实际生活中是非常重要的问题，可以看出，解决这种居住交通问题的公共服务会让居民满意度得到较快提升。

第五，在社会资本对公共服务满意度的影响过程中，验证了公务员和居民之间的差异。社会资本的规范程度越高，公务员在教育文化方面的要求就越高。为了满足居民对社会规范的需求，公务员应该更努力执行公平性的公共政策。

  本书探究了济南市和城南市的公务员和居民的社会资本对公共服务供给能力、公共服务需求水平以及公共服务满意度方面的影响。然而，由于受时间、空间、调研群体所限，该研究成果也必然存在一定的局限性。在研究样本方面，限定为韩国京畿道城南市的2个区、中国山东省济南市的2个区和1个县，因此将本研究的结果扩大到其他地方时应注意差别性。如何进一步完善研究框架、增加空间样本数量和调查问卷数量，并在中观（省级）、宏观（全国）层面研究社会资本对公共服务供给能力、公共服务需求水平以及公共服务满意度的影响机理，有待进一步发掘。另外，后续应考虑以公务员和居民为对象，对社会资本对公共服务满意度的影响进行分析，验证公共服务供给能力、公共服务需求水平对公共服务满意度的影响机制。

附录：调查问卷

一 针对济南市公务员和城南市公务员的调查问卷

Ⅰ. 基本情况（在相应的项划√或填写文字）

1. 您的性别？

①男 ②女

2. 您的年龄？

①20 岁—29 岁 ②30 岁—39 岁 ③40 岁—49 岁

④50 岁—59 岁 ⑤60 岁—69 岁

3. 您的教育程度？

①初中及以下 ②高中（中专/技校）

③大专 ④大学

⑤研究生及以上

4. 你工作的地区？

①历下区 ②章丘区 ③商河县 ④盆唐区 ⑤寿井区

5. 您在本地区工作时间？

①1 年及以下 ②1 年以上至 3 年 ③3 年以上至 5 年

④5 年以上至 10 年 ⑤10 年以上

6. 您家庭的月平均收入？

①12000 元（人民币）及以下/200 万（韩元）及以下

②12000 元以上至 18000 元（人民币）/200 万以上至 300 万（韩元）

③18000 元以上至 30000 元（人民币）/300 万以上至 500 万（韩元）

④30000 元以上至 42000 元（人民币）/500 万以上至 700 万（韩元）

⑤42000 元（人民币）以上/700 万（韩元）以上

7. 您的职业?
①国家公职人员　②其他

Ⅱ. 社会性资本相关的问题

1. 信任

序号	问题	非常不信任	不信任	一般	信任	非常信任
1	您对家庭的信任程度	①	②	③	④	⑤
2	您对邻居的信任程度	①	②	③	④	⑤
3	您对朋友的信任程度	①	②	③	④	⑤
4	您对亲戚的信任程度	①	②	③	④	⑤
5	您对周边商户（与其进行买卖、签约等）的信任程度	①	②	③	④	⑤
6	您对政府的信任程度	①	②	③	④	⑤
7	您对社会组织（包括社会福利机构）的信任程度	①	②	③	④	⑤
8	您对国家工作人员的信任程度	①	②	③	④	⑤
9	您对国际组织的信任程度	①	②	③	④	⑤

2. 参与

序号	问题	完全不参与	不参与	一般	参与	积极参与
1	您是否有参与当地举办的庆典、音乐会、体育比赛等文体活动	①	②	③	④	⑤
2	您是否有参与政府或相关机构组织的讨论会、听证会、商谈会、座谈会（以解决社会问题为目的），或提出过个人意见、建议	①	②	③	④	⑤
3	您是否有参与公益组织或志愿服务活动	①	②	③	④	⑤
4	您是否有参与老乡、同学、战友等联谊会	①	②	③	④	⑤
5	您是否有参与各种兴趣组织（体育、艺术、音乐等）	①	②	③	④	⑤
6	您是否有参与职业相关组织（劳动组织、技能团体、工会组织、商家联谊会等）	①	②	③	④	⑤

3. 规范

序号	问题	一点也不是	不是	一般	是	非常是
1	您是否遵守社会规范和规则	①	②	③	④	⑤
2	您看到违法行为是否会向警察举报	①	②	③	④	⑤
3	您觉得您所在地区的居民是否守法	①	②	③	④	⑤
4	您觉得我们国家的社会道德规范是否已经形成	①	②	③	④	⑤
5	您是否会尽可能的不给别人添麻烦	①	②	③	④	⑤
6	您现在帮助有困难的人，您是否相信以后您有困难时别人也会帮助您	①	②	③	④	⑤

Ⅲ. 国家公职人员业务相关问题

序号	问题	一点也不是	不是	一般	是	非常是
	专业性					
1	您能否熟练掌握工作所需要的信息通信技术	①	②	③	④	⑤
2	您能否熟练掌握工作所需要的专业知识	①	②	③	④	⑤
3	您能否熟练处理相关工作业务	①	②	③	④	⑤
	问题解决能力					
4	您能否快速应对居民提出的问题	①	②	③	④	⑤
5	您能否快速理解居民提出的问题	①	②	③	④	⑤
6	您能否熟练解决居民提出的问题	①	②	③	④	⑤
	沟通能力					
7	您能否积极听取居民的意见或建议	①	②	③	④	⑤
8	您能否努力用通俗易懂的用语为居民服务	①	②	③	④	⑤

续表

序号	问题	一点也不是	不是	一般	是	非常是
调整、整合能力						
9	您能否事先预防问题当事人之间的纠纷	①	②	③	④	⑤
10	您能否积极对问题当事人进行说服	①	②	③	④	⑤
11	您能否积极引导问题当事人之间进行协调	①	②	③	④	⑤
业务推进能力						
12	您能否在规定的时间内完成相关业务工作	①	②	③	④	⑤
13	您是否有促进业务工作的有效措施	①	②	③	④	⑤
宣传能力						
14	您能否积极向居民宣传政府行政服务的相关政策	①	②	③	④	⑤
15	您能否听取各种舆论意见	①	②	③	④	⑤
道德品质						
16	您是否对政务服务规章制度有较高的认知度	①	②	③	④	⑤
17	您能否公正的处理相关的业务工作	①	②	③	④	⑤
18	您能否透明的处理相关的业务工作	①	②	③	④	⑤
居民需求指向性						
19	您能否正确的掌握居民的需求	①	②	③	④	⑤
20	您能否快速应对居民提出的服务	①	②	③	④	⑤
21	您能否灵活应对或采用居民的反馈意见	①	②	③	④	⑤

Ⅳ. 当地政府为居民提供的公共服务的评价调查

序号	问题	非常不满意	不满意	一般	满意	非常满意
	经济机会					
1	您对您工作地区的雇佣现状是否满意	①	②	③	④	⑤
2	您对您工作地区的物价管理水平是否满意	①	②	③	④	⑤
3	您认为您工作地区的地方税务负担是否合理	①	②	③	④	⑤
4	您对您工作地区的产业扶持政策是否满意	①	②	③	④	⑤
	居民安全					
5	您认为您工作地区维持治安的警力规模是否合理	①	②	③	④	⑤
6	您认为您工作地区是否安全	①	②	③	④	⑤
7	您认为您工作地区自然灾害安全防范的措施是否妥善	①	②	③	④	⑤
8	您认为您工作地区火灾防范的措施是否妥善	①	②	③	④	⑤
	居住交通					
9	您对您工作地区的居住环境和居住服务设施是否满意	①	②	③	④	⑤
10	您对您工作地区的道路和交通指示牌等交通基础设施是否满意	①	②	③	④	⑤
11	您对您工作地区的停车条件是否满意	①	②	③	④	⑤
12	您对您工作地区的公共交通服务是否满意	①	②	③	④	⑤
	福利与环境					
13	您对您工作地区的健康保健所等公共医疗服务是否满意	①	②	③	④	⑤

续表

序号	问题	非常不满意	不满意	一般	满意	非常满意
	福利与环境					
14	您对您工作地区的福利政策（残疾人、低收群体支援、儿童、老人福利援助）及成果是否满意	①	②	③	④	⑤
15	您认为您工作地区对大气、水质、噪音等问题的管理是否妥当	①	②	③	④	⑤
16	您对您工作地区垃圾的有效处理及回收是否满意	①	②	③	④	⑤
	教育与文化					
17	您对您工作地区的学校和幼儿园等教育环境是否满意	①	②	③	④	⑤
18	您对您工作地区的小学、初中、高中的教育水平是否满意	①	②	③	④	⑤
19	您对您工作地区的图书馆、剧院、博物馆、展览馆、演出场地等文化设施充足情况是否满意	①	②	③	④	⑤
20	您对您工作地区举办的文艺演出、体育比赛等活动开展情况是否满意	①	②	③	④	⑤
	政务服务					
21	您处理相关业务的时候是否能和居民平等交流	①	②	③	④	⑤
22	您是否能亲切友好的处理相关政务服务	①	②	③	④	⑤
23	您认为居民申办政务服务有关事项的场所是否舒适方便	①	②	③	④	⑤
24	您是否熟悉自己所承担的业务	①	②	③	④	⑤
25	您认为您的业务处理态度是否恰当	①	②	③	④	⑤
26	您对政务服务场所基础设施是否满意	①	②	③	④	⑤

访问到此结束，再次感谢您的支持和配合。

二 针对济南市居民和城南市居民的调查问卷

Ⅰ.基本情况（在相应的项划√或填写文字）

1. 您的性别？

①男　②女

2. 您的年龄？

①20 岁—29 岁　②30 岁—39 岁　③40 岁—49 岁

④50 岁—59 岁　⑤60 岁—69 岁

3. 您的教育程度？

①初中及以下　②高中（中专/技校）　③大专　④大学

⑤研究生及以上

4. 您的现居住地？

①历下区　②章丘区　③商河县　④盆唐区　⑤寿井区

5. 您在此地区居住时间？

①1 年及以下　②1 年以上至 3 年

③3 年以上至 5 年　④5 年以上至 10 年

⑤10 年以上

6. 您家庭的月平均收入？

①12000 元（人民币）及以下/200 万（韩元）及以下

②12000 元以上至 18000 元（人民币）/200 万以上至 300 万（韩元）

③18000 元以上至 30000 元（人民币）/300 万以上至 500 万（韩元）

④30000 元以上至 42000 元（人民币）/500 万以上至 700 万（韩元）

⑤42000 元（人民币）以上/700 万（韩元）以上

7. 您的职业？

①国家公职人员　②国企、私企工作人员　③医生、律师、教师

④个体经营人员　⑤农业、畜牧业　⑥家庭主妇　⑦学生或其他

Ⅱ.社会性资本相关问题

1. 信任

序号	问题	非常不信任	不信任	一般	信任	非常信任
1	您对家庭的信任程度	①	②	③	④	⑤
2	您对邻居的信任程度	①	②	③	④	⑤
3	您对朋友的信任程度	①	②	③	④	⑤
4	您对亲戚的信任程度	①	②	③	④	⑤
5	您对周边商户（与其进行买卖、签约等）的信任程度	①	②	③	④	⑤
6	您对政府的信任程度	①	②	③	④	⑤
7	您对社会组织（包括社会福利机构）的信任程度	①	②	③	④	⑤
8	您对国家工作人员的信任程度	①	②	③	④	⑤
9	您对国际组织的信任程度	①	②	③	④	⑤

2. 参与

序号	问题	完全不参与	不参与	一般	参与	积极参与
1	您是否有参与当地举办的庆典、音乐会、体育比赛等文体活动	①	②	③	④	⑤
2	您是否有参与政府或相关机构组织的讨论会、听证会、商谈会、座谈会（以解决社会问题为目的），或提出过个人意见、建议	①	②	③	④	⑤
3	您是否有参与公益组织或志愿服务活动	①	②	③	④	⑤
4	您是否有参与老乡、同学、战友等联谊会	①	②	③	④	⑤
5	您是否有参与各种兴趣组织（体育、艺术、音乐等）	①	②	③	④	⑤
6	您是否有参与职业相关组织（劳动组织、技能团体、工会组织、商家联谊会等）	①	②	③	④	⑤

3. 规范

序号	问题	一点也不是	不是	一般	是	非常是
1	您是否遵守社会规范和规则	①	②	③	④	⑤
2	您看到违法行为是否会向警察举报	①	②	③	④	⑤
3	您觉得您所在地区的居民是否守法	①	②	③	④	⑤
4	您觉得我们国家的社会道德规范是否已经形成	①	②	③	④	⑤
5	您是否会尽可能的不给别人添麻烦	①	②	③	④	⑤
6	您现在帮助有困难的人，您是否相信以后您有困难时别人也会帮助您	①	②	③	④	⑤

Ⅲ. 您对居住公共服务的需求水平

序号	问题	完全不需要	不需要	一般	需要	非常需要
易接近性						
1	希望政务服务相关业务窗口更容易找到	①	②	③	④	⑤
2	希望更容易获得政务服务业务办理的相关信息	①	②	③	④	⑤
3	希望在办理政务服务业务的时候与工作人员的面谈更舒服	①	②	③	④	⑤
4	希望在通过电话或窗口咨询的时候工作人员的态度更好一些	①	②	③	④	⑤
亲切性						
5	希望负责政务服务相关业务的工作人员更认真地听取我的需求	①	②	③	④	⑤
6	电话通话的时候希望工作人员更注重通话礼仪	①	②	③	④	⑤
7	希望工作人员使用的服务用语更简单明了	①	②	③	④	⑤

续表

序号	问题	完全不需要	不需要	一般	需要	非常需要
	便利性					
8	希望在政务服务场所办理相关业务的时候可以更方便的使用到电脑、传真、复印机等便利设施	①	②	③	④	⑤
9	希望在夜间和休息日能更方便的申请办理相关业务	①	②	③	④	⑤
10	希望填写业务申请表格时程序更简单	①	②	③	④	⑤
	专业性					
11	希望工作人员对政务服务规章制度的认知程度更高	①	②	③	④	⑤
12	希望工作人员更熟练的掌握业务所需要的专业知识	①	②	③	④	⑤
13	希望工作人员能更熟练的处理相关业务	①	②	③	④	⑤
	业务处理态度					
14	希望工作人员更公正的处理相关的业务	①	②	③	④	⑤
15	希望工作人员更快速的处理相关的业务	①	②	③	④	⑤
16	希望工作人员在规定的时间内完成相关业务	①	②	③	④	⑤
17	希望在发生行政工作失误时，工作人员能更努力的改正自己错误	①	②	③	④	⑤
18	希望申请办理业务工作时的程序能更简单	①	②	③	④	⑤
	舒适性					
19	希望业务申请办理场所的便利设施更完善	①	②	③	④	⑤
20	希望休息室、厕所等设施更干净	①	②	③	④	⑤

Ⅳ. 您对现居住地公共服务的满意度

序号	问题	非常不满意	不满意	一般	满意	非常满意
经济机会							
1	您对您居住地区的雇佣现状是否满意	①	②	③	④	⑤
2	您对您对您居住地区的物价管理水平是否满意	①	②	③	④	⑤
3	您认为您居住地区的税务负担是否合理	①	②	③	④	⑤
4	您对您居住地区的产业扶持政策是否满意	①	②	③	④	⑤
居民安全							
5	您认为您居住地区维持治安的警力规模是否合理	①	②	③	④	⑤
6	您认为您居住地区是否安全	①	②	③	④	⑤
7	您认为您居住地区自然灾害安全防范的措施是否妥善	①	②	③	④	⑤
8	您认为您居住地区火灾防范的措施是否妥善	①	②	③	④	⑤
居住交通							
9	您对您居住地区的居住环境和居住服务设施是否满意	①	②	③	④	⑤
10	您对您居住地区的道路和交通指示牌等交通基础设施是否满意	①	②	③	④	⑤
11	您对您居住地区的停车条件是否满意	①	②	③	④	⑤
12	您对您居住地区的公共交通服务是否满意	①	②	③	④	⑤
福利与环境							
13	您对您居住地区的健康保健所等公共医疗服务是否满意	①	②	③	④	⑤

续表

序号	问题	非常不满意	不满意	一般	满意	非常满意
	福利与环境					
14	您对您居住地区的福利政策（残疾人、低收群体支援、儿童、老人福利援助）及成果是否满意	①	②	③	④	⑤
15	您认为您居住地区的大气、水质、噪音等问题的管理是否妥善	①	②	③	④	⑤
16	您对您居住地区垃圾的有效处理及回收是否满意	①	②	③	④	⑤
	教育与文化					
17	您对您居住地区的学校和幼儿园等教育条件是否满意	①	②	③	④	⑤
18	您对您居住地区的小学、初中、高中的教育水平是否满意	①	②	③	④	⑤
19	您对您居住地区的图书馆、剧院、博物馆、展览馆、演出场地等文化设施供给状况是否满意	①	②	③	④	⑤
20	您对您居住地区举办的文艺演出、体育比赛等活动的开展情况是否满意	①	②	③	④	⑤
	政务服务					
21	您认为工作人员在处理相关业务时，能否和居民平等交流	①	②	③	④	⑤
22	您认为工作人员是否能亲切友好地处理相关政务服务	①	②	③	④	⑤
23	您在申请政务服务的时候，处理相关事项的场所是否舒适、方便	①	②	③	④	⑤
24	您认为负责相关政务服务的工作人员是否熟悉自己所承担的业务	①	②	③	④	⑤
25	您认为负责相关政务服务的工作人员业务处理态度是否恰当	①	②	③	④	⑤
26	您对政务服务场所基础设施是否满意	①	②	③	④	⑤

访问到此结束，再次感谢您的支持和配合。